O LIVRO DO ÊXODO

Jean-Louis Ska

O LIVRO DO ÊXODO

ABC da BÍBLIA

Tradução
Benno Brod, SJ

Edições Loyola

Título original:
Le livre de l'Exode
© Les Éditions du Cerf, 2021
24, rue des Tanneries, 75013, Paris, France
ISBN 978-2-204-14293-9

Dados Internacionais de Catalogação na Publicação (CIP)
(Câmara Brasileira do Livro, SP, Brasil)

Ska, Jean-Louis, 1946--
  Livro do Êxodo (O) / Jean-Louis Ska ; tradução Benno Brod -- São Paulo : Edições Loyola, 2022. -- (ABC da Bíblia)

  Título original: Le livre de l'Exode
  Bibliografia
  ISBN 978-65-5504-168-2

  1. Bíblia. A.T. Êxodo - Comentários 2. Bíblia. A.T. Êxodo - Leitura 3. Cristianismo 4. Exegese bíblica 5. Hermenêutica 6. Judaísmo I. Título II. Série.

22-107130   CDD-222.1207

Índices para catálogo sistemático:
1. Êxodo : Livros históricos : Bíblia : Comentários   222.1207

Maria Alice Ferreira - Bibliotecária - CRB-8/7964

Capa e diagramação: Viviane Bueno Jeronimo
Fragmento da obra de Sébastien Bourdon (1616-1671). Obra: *Burning bush*, século XVII. Óleo sobre tela. Museu Hermitage, São Petersburgo, Rússia. Fonte: https://pt.m.wikipedia.org/wiki/Ficheiro:Bourdon,_S%C3%A9bastien_-_Burning_bush.jpg
Revisão técnica: Danilo Mondoni, SJ
Revisão: Carolina Rubira

Edições Loyola Jesuítas
Rua 1822 nº 341 – Ipiranga
04216-000 São Paulo, SP
T 55 11 3385 8500/8501, 2063 4275
editorial@loyola.com.br
vendas@loyola.com.br
www.loyola.com.br

Todos os direitos reservados. Nenhuma parte desta obra pode ser reproduzida ou transmitida por qualquer forma e/ou quaisquer meios (eletrônico ou mecânico, incluindo fotocópia e gravação) ou arquivada em qualquer sistema ou banco de dados sem permissão escrita da Editora.

ISBN 978-65-5504-168-2

© EDIÇÕES LOYOLA, São Paulo, Brasil, 2022

101806

Sumário

Introdução 7

Capítulo 1
O que é preciso saber para ler o livro do Êxodo?.............. 13

Capítulo 2
O que nos conta o livro do Êxodo? 25

Capítulo 3
O livro do Êxodo: um cantochão ou uma cantata
a várias vozes? 33

Capítulo 4
O mundo das leis e o estilo delas 47

Capítulo 5
Quem é o Senhor? 55

Capítulo 6
O endurecimento do coração e as pragas do Egito 65

Capítulo 7
A sarça ardente e a fenda da rocha: Deus e Moisés............ 75

Capítulo 8
No mar abriste o teu caminho, tua passagem nas águas
profundas (Sl 77,20) – o milagre do mar (Ex 14,1-31) 89

Capítulo 9
O Senhor está presente no meio de nós,
sim ou não? (Cf. Ex 17,7) 97

Capítulo 10
"Erguerei minha tenda no meio dos
filhos de Israel" (Ex 29,45) 107

Capítulo 11
A lei é prescritiva ou descritiva? 117

Capítulo 12
"Desceste sobre a montanha do Sinai e lhes falaste
do alto dos céus" (Ne 9,13) 129

Capítulo 13
Reuni os meus fiéis, que fizeram aliança comigo
através de um sacrifício (Sl 50,5) 141

Capítulo 14
A recepção do livro do Êxodo 149

Capítulo 15
O livro do Êxodo e a cultura ocidental 163

Conclusão 181

Bibliografia sucinta 183

Introdução

Da servidão ao serviço, é assim que Georges Auzou intitulava seu breve comentário sobre o livro do Êxodo, publicado por edições Orante em 1961. É difícil encontrar um título mais adaptado para este livro fundamental para a fé de Israel e para a fé dos cristãos, o segundo livro do Pentateuco, após o livro do Gênesis. Esse título, de fato, tem a enorme vantagem de descrever uma passagem, a passagem de uma situação penosa, a da escravidão, a uma situação mais confortável, a do serviço. Além disso, esse título parte da mesma raiz, pois "servidão" e "serviço" são duas palavras aparentadas, duas maneiras de "servir". Ora, o livro do Êxodo lança mão de todas as nuances de um mesmo verbo, o verbo "servir", que no hebraico pode significar "ser escravo", "estar a serviço", "trabalhar" e, enfim, "render culto". O substantivo "serviço" também tem todas essas nuances, "servidão", "escravidão", "serviço", "trabalho", "labor", "culto" e "liturgia". Enfim, o título escolhido por Georges Auzou descreve com duas palavras o essencial do que acontece no livro do Êxodo: o povo de Israel passa da servidão no Egito para o serviço de seu Deus, o Senhor, no deserto. É preciso notar que Israel passa não somente da servidão para a liberdade, o que certamente é essencial, mas que essa liberdade se traduz imediatamente num "serviço" que lhe dá seu pleno sentido e mostra seu objetivo. A liberdade de Israel é uma liberdade "para". Uma das mensagens do livro, inclusive, é que Israel *não* será livre *senão* sendo fiel a esse Deus que lhe deu a liberdade. Sem dúvida, Israel será tentado a servir a outros interesses – outros "deuses", como ao bezerro de ouro, por exemplo (Ex 32). Porém, servir a outros deuses significa perder a liberdade e trocá-la por uma nova escravidão. É mirando alto, bem alto, que Israel conservará sua liberdade e fará dela sua verdadeira, sua primeira pátria, bem antes de alcançar a Terra Prometida.

A passagem progressiva da servidão ao serviço, seguida de um longo aprendizado da liberdade a serviço do Deus libertador, eis o que, sem dúvida, forma a trama do conjunto do livro do Êxodo. Além disso, ele contém igualmente um relato do nascimento do povo de Israel. O livro do Gênesis trata da origem do mundo (Gn 1–11), depois, dos ancestrais de Israel, Abraão, Isaac, Jacó e seus doze filhos (Gn 12–50). A história de José e seus irmãos (Gn 37–50) nos explica por que os ancestrais de Israel se encontram no Egito no começo do livro do Êxodo. E o livro do Êxodo, por sua vez, inicia quando Israel já não é mais uma família, mas um povo numeroso. É sintomático notar que a expressão "filhos de Israel" adquire um sentido novo nos primeiros versículos do livro. Com efeito, o primeiro versículo fala dos "filhos de Israel", que são os doze filhos de Jacó, sendo que este, por sua vez, também tem o nome de Israel (Ex 1,1; cf. também 1,7). Portanto, ainda estamos na época da família dos ancestrais. Quando o faraó fala do "povo dos filhos de Israel" (Ex 1,9), trata-se evidentemente de todos os descendentes de Jacó e de seus filhos. Em outras palavras, dos israelitas. Se o livro do Gênesis nos descreve a história de uma família, o livro do Êxodo relata a história da origem de um povo.

Além disso, é preciso reconhecer que os inícios do povo de Israel se distinguem bem de outros relatos do mesmo gênero. Em geral, a história de um povo começa quando ele adquire sua independência, em seu território, e quando outorga a si suas próprias instituições. O mais das vezes, trata-se na Antiguidade da fundação de uma cidade, de uma capital ou da conquista de um território pelo fundador de uma dinastia. Ora, a história de Israel não começa assim. Ela não inicia com seus primeiros reis — Saul, Davi e Salomão — com as vitórias sobre os Filisteus ou a conquista de Jerusalém. Ela inicia bem antes, no deserto do Sinai, com a saída do Egito. Naquele momento, Israel ainda não possuía território e também ainda não tinha reis. Mas possuía algo bem mais essencial, uma coisa que, inclusive, poderia sobreviver à perda do território e ao fim da monarquia, o que infelizmente vai se verificar no momento do exílio na Babilônia. Conforme o livro do Êxodo, Israel possui tudo o que seu Senhor lhe concede: a liberdade, a aliança, a lei — um "saber viver" — e um tipo de culto que permite a um povo livre honrar um Deus libertador.

O livro do Êxodo é, portanto, um livro fundador. É nele que o povo de Israel encontra os elementos essenciais de sua identidade e de sua existência, o equivalente a um território, uma monarquia ou um poder organizador. Com toda segurança, seu Deus será seu único e verdadeiro soberano, o único digno de sê-lo. Israel fará a experiência disso, algumas vezes inclusive à custa de si mesmo. A presença desse senhor, desse Deus libertador, se manifesta, por sua vez, em realidades bem concretas: a lei de Moisés e o santuário. A lei de Moisés define as verdadeiras fronteiras do povo, as de seu comportamento, pois ela determina, em primeiro lugar e antes de tudo, quem pode fazer parte ou pode ser excluído do povo de Deus. Como diz muito bem o poeta alemão de origem judaica, Heinrich Heine, a Lei (a *torá*, em hebraico) é para Israel uma "pátria portável". O santuário e as instituições do culto estão lá para lembrar a Israel quem é seu único e verdadeiro soberano, o único que merece ser honrado, porque a ele Israel deve sua existência de povo livre.

Êxodo, lei, aliança e culto têm sua origem num personagem, Moisés, único mediador entre Deus e o povo. É ele o verdadeiro fundador de Israel e é a ele que se devem todas as instituições essenciais do povo. Digamos logo tudo: é a ele que o povo de Israel atribui todas as instituições que considera indispensáveis para sua identidade e sua sobrevivência. Como veremos, é certo que não se trata do resultado de uma pesquisa histórica. Trata-se antes de uma reflexão plurissecular, de uma reflexão que leva em conta experiências infelizes do povo; entre outras, a experiência do fim da monarquia no reino da Samaria, a do fim da monarquia também no reino de Judá e a experiência do exílio na Babilônia.

Tudo isso deveria nos convencer da atualidade desse livro que estabelece uma ligação indissolúvel entre a experiência de Deus e a experiência da liberdade. São Paulo vai dizê-lo em sua epístola aos Gálatas: "É para sermos verdadeiramente livres que Cristo nos libertou. Permanecei, pois, firmes, e não vos deixeis sujeitar de novo ao jugo da escravidão" (Gl 5,1).

O livro do Êxodo estabelece igualmente um laço indissolúvel entre a experiência da liberdade e as exigências do direito. Ao sair do Egito, Israel não substitui a tirania do faraó por outra tirania, menos ainda pela anarquia. Israel se livra da tirania, entrando pelo caminho do direito e da Lei, que é, segundo a afirmação do Êxodo, o verdadeiro meio para preservar e promover a liberdade. Citemos novamente São Paulo a propósito disso: "Vós, irmãos, é para a liberdade que fostes chamados, contanto que essa liberdade não dê nenhuma oportunidade à carne! Mas, pelo amor, ponde-vos a serviço uns dos outros!" (Gl 5,13). Deus liberta seu povo para o serviço, serviço livre e generoso, serviço de uns aos outros, o que significa também a construção de uma sociedade justa e benfazeja, fundada sobre o respeito do direito. Nossas democracias atuais também herdaram, às vezes sem o saber, algo dessa experiência. Como diz o filósofo Baruch Spinoza (1632–1677), Moisés não tomará o lugar do faraó. Ele substitui o faraó pela Lei, "como numa democracia".

1

O que é preciso saber para ler o livro do Êxodo?

Formar ou informar?

Muitas obras antigas são anônimas, isso pela simples razão de não serem obras de indivíduos, mas reflexos de uma tradição. O primeiro objetivo delas não é o de serem originais ou criativas, nem mesmo querem nos dizer "aquilo que realmente se deu". Tais obras, e esse é o caso também do livro do Êxodo, têm como primeiro objetivo recriar e transmitir a tradição o mais fielmente possível. A fidelidade à tradição tem prioridade sobre a "verdade histórica" e sobre o gênio individual. Todas as questões que queiramos colocar a respeito do livro do Êxodo, devem, portanto, ter em conta esse fato fundamental. O leitor contemporâneo quereria saber quem escreveu o livro do Êxodo. Ele gostaria também de saber sob o reinado de qual faraó os escravos hebreus saíram do Egito, em que época histórica se deve situar a teofania do Sinai, ou se é possível identificar esse monte no deserto do mesmo nome. Essas questões, e outras mais, são certamente legítimas, mas as respostas que hoje lhes podemos dar continuam muito evasivas e com certeza o continuarão sendo sempre. De fato, buscar respostas a semelhantes questões nos relatos do Êxodo é o mesmo, se me é permitido fazer esta comparação, que procurar cerveja num mercado de vinhos. Não é possível encontrá-la, seria puro acaso. O mais certo é procurar vinho num mercado de vinhos. E esse poderá ser um vinho excelente. Qual é, então, o vinho que nos oferece o livro do Êxodo? De que tipo de vinho se trata? De onde ele provém e a quem podemos servi-lo?

Em duas palavras, o livro do Êxodo não procura informar o leitor sobre o passado de Israel e sobre suas origens no Egito ou sobre os detalhes concretos de sua permanência no deserto. Ele procura antes formar a consciência de um povo a partir das tradições sobre seu passado, tais como foram transmitidas de geração em geração. Portanto, o livro tem em vista menos o passado do que o presente de seus destinatários, os membros do povo de Israel de todas as épocas. O próprio livro do Êxodo o diz repetidas vezes. Encontramos, por exemplo, esta declaração divina no relato das pragas do Egito (Ex 5–11), no capítulo 10,1-2: "O SENHOR disse a Moisés: 'Vai ter com o faraó, pois fui eu que quis a obstinação dele e a de seus servos, a fim de erigir no meio deles os sinais da minha presença e *a fim de que contes a teus filhos e aos filhos de teus filhos como eu fiz o que quis com os egípcios e deixei os meus sinais no meio deles. E vós conhecereis que eu sou o* SENHOR'". A ação de Deus tem, portanto, segundo o texto, o objetivo de manifestar a presença do Senhor, o Deus de Israel, no país do Egito, aos olhos de seu soberano e de seus servos, mas também, e é o ponto que convém sublinhar, para criar um relato que será transmitido em Israel de geração em geração para celebrar as maravilhas que Deus realizou em favor de seu povo. A ação divina cria um relato e uma memória, e essa memória faz de Israel o povo de seu Deus.

É esse também o objetivo da primeira importante liturgia lembrada pelo livro do Êxodo, a celebração da Páscoa (Ex 12–13). Essa liturgia procura "re-presentar" os grandes eventos da salvação, isto é, torná-los presentes. Os gestos feitos durante a celebração da Páscoa e da festa dos pães ázimos (pães sem fermento) é a ocasião de recordar um passado que forma e informa o presente. Trata-se do que por vezes é chamado de "a catequese pascal", um ensinamento provocado pelas perguntas que as crianças fazem a seus pais em tais circunstâncias: "Quando vossos filhos vos perguntarem: 'Que rito é esse que estais celebrando?', direis: 'É o sacrifício da Páscoa para o SENHOR, que passou diante das casas dos filhos de Israel no Egito, quando golpeou o Egito e libertou nossas casas'" (Ex 12,26-27; 13,8). O rito é a ocasião de um relato que o explica e se transmite de pai para filho, de pais para crianças. Como os pais transmitem a vida a seus filhos, transmitem também o essencial de uma identidade ligada indissoluvelmente à libertação da escravidão egípcia. Se não tivesse havido o Êxodo, Israel não existiria.

Mais uma vez convém insistir sobre o fato de que o relato não transmite o que chamaríamos de lembrança de fatos históricos, de um êxodo que tivesse acontecido sob o faraó de certa dinastia bem conhecida. O faraó do êxodo continua anônimo, como aliás também continuam vagos muitos outros detalhes. Trata-se, ao contrário, de um relato que tem por objetivo mostrar que Israel deve sua existência a uma força que não é deste mundo. É a seu Senhor, a seu Deus, que Israel deve sua origem:

"Vós conhecereis que eu sou o SENHOR" (Ex 10,2). O relato tem, portanto, uma dimensão teológica inegável, é bom a gente sempre se lembrar disso.

Dito isso, é útil abordar algumas questões mais concretas sobre a composição desse livro fundamental para a identidade do povo de Israel e, por conseguinte, igualmente para o povo cristão, que herdou o essencial dessa tradição.

As fontes do livro do Êxodo

O livro do Êxodo não tem autor, como já dissemos. Ele se fez ao correr do tempo, provavelmente durante vários séculos, a partir de tradições antigas que por sua vez foram progressivamente revistas, corrigidas, aumentadas e completadas. Sem dúvida, não é mais possível refazer toda a história da composição do livro. De fato, estamos numa posição difícil, porque temos à nossa disposição unicamente os dados bíblicos. Até hoje, não existe nenhuma referência precisa ao conteúdo do livro do Êxodo fora da Bíblia, em documentos egípcios, por exemplo. Assim, para nós, é somente possível fixar um ou outro ponto de referência.

As lembranças mais antigas do êxodo se encontram nos livros de Oseias e de Amós. Três importantes elementos são mencionados no livro de Oseias. Em primeiro lugar, ele fala da saída do Egito: "Mas, por intermédio de um profeta, o SENHOR fez Israel subir do Egito; por meio de um profeta, Israel foi guardado" (Os 12,14). O profeta anônimo deve ser Moisés. O êxodo é também citado pelo seguinte texto, referido pelo evangelho de Mateus: "Quando Israel era menino, eu o amei, e do Egito chamei o meu filho" (Os 11,1; cf. Mt 2,15). Em segundo lugar, Oseias fala da permanência no deserto de modo muito positivo: "Mas eu sou o SENHOR, teu Deus, desde a terra do Egito. Eu te farei habitar de novo sob tendas, como nos dias em que eu vos encontrava." (Os 12,10; Os 13,5). Enfim, terceiro elemento importante, o SENHOR é o Deus de Israel desde os acontecimentos do êxodo, desde a saída do Egito, como o diz Os 12,10, ou também Os 13,4-5: "E eu, o SENHOR, teu Deus desde a terra do Egito – Deus, que não seja eu, tu não conheces, e salvador fora de mim não há – eu te conheci no deserto, num país de febre." Notemos, contudo, que o profeta Oseias não faz nenhuma alusão à teofania do Sinai nem ao dom da Lei. Pela parte mais antiga, o livro de Oseias data do século VIII a.C. Também estamos no reino do Norte, o reino da Samaria. É de notar que Isaías, quase contemporâneo do Oseias e habitante de Jerusalém, portanto cidadão do reino de Judá, não fala nunca do êxodo ou da permanência no deserto. Essas tradições, de que fala Oseias, são originárias do reino da Samaria.

Amós, que veio de Teqoa, pequena cidade do reino de Judá, ao sul de Belém, mas que exerca seu ministério no reino da Samaria pouco antes de Oseias, sempre no século VIII a.C., também menciona o êxodo: "Escutai esta palavra que o SENHOR pronuncia contra vós, filhos de Israel, contra toda a família que eu fiz subir da terra do Egito: Só a vós eu conheci, entre todas as famílias da terra; por isso pedirei contas a vós de todas as vossas iniquidades" (Am 3,1-2; cf. também 9,7). Dirigindo-se aos habitantes do Norte, Amós emprega argumentos que lhe falam mais e por isso lembra o êxodo, momento em que Deus escolhe Israel como seu povo. Nesse contexto, "Israel" designa sobretudo o país da Samaria. Em outras passagens, Amós fala tanto do êxodo como da passagem pelo deserto (Am 2,10; cf. também 5,25, sobre os quarenta anos no deserto).

Para encontrarmos uma alusão clara ao dom da Lei sobre o monte Sinai, e num texto que pode mais facilmente ser datado, é preciso esperar o livro de Neemias, escrito pelo ano 350 a.C.: "Desceste sobre a montanha do Sinai e lhes falaste do alto dos céus; deste-lhes normas justas, leis de verdade, prescrições e ordens valiosas. Deste-lhes a conhecer o teu santo sábado e lhes deste ordens, prescrições e uma lei, por intermédio de Moisés, teu servo" (Ne 9,13-14). É claro que já havia leis, mas a tradição do dom da Lei sobre o monte Sinai por intermédio de Moisés é, portanto, uma tradição recente.

Temos, por conseguinte, tradições antigas sobre a saída do Egito e a permanência no deserto, tradições que se encontram no reino da Samaria desde o século VIII a.C. Quanto à tradição do Sinai, ela é mais recente. Seria possível recuar mais? Isso é extremamente difícil, porque, como mencionado, nenhum documento egípcio faz alusão aos acontecimentos narrados pelo livro do Êxodo: a opressão, as pragas do Egito, a saída do Egito, a passagem pelo mar com o desaparecimento do exército egípcio no mar, ou a longa permanência no deserto.

Contudo, graças a certos documentos egípcios muito recentes, estamos em condições de dizer que alguns aspectos do relato bíblico podem se basear sobre um conhecimento do mundo egípcio e adquirem desse fato certa verossimilhança. Como já dissemos, as narrações não são crônicas de fatos históricos, mas também não são fruto de pura fantasia. Por exemplo, certos baixos-relevos egípcios representam homens fabricando tijolos, como está escrito em Ex 5. Certos trabalhadores ou escravos são inclusive representados com barba, maneira típica de representar habitantes originários do Próximo Oriente. Outros documentos, os papiros de Anastasi IV, V e VI, permitem concluir a existência de grupos de semitas vivendo no Egito pelos anos 1200 a.C. O papiro V descreve um fato interessante, pois fala da fuga de dois escravos que se escondem de noite no meio dos caniços para alcançar depois o deserto. Esse documento data do reinado de Seti II, falecido em 1193 a.C. Notemos que os escravos são dois e é impossível saber sua origem. Mas acontece que eles tomaram um caminho que faz pensar no que é descrito no livro do Êxodo. Mesmo assim, estamos bem longe do número citado em Ex 12,37, "aproximadamente seiscentos mil homens a pé, varões, sem contar as crianças".

No que diz respeito a Moisés, nada sabemos, ou quase nada, dessa figura gigantesca que emerge dos relatos bíblicos. É fora de dúvida que ele não foi inventado inteiramente. Com efeito, ele tem um nome egípcio, talvez abreviado, significando "filho de", "gerado por", o mesmo encontrado também, por exemplo, no nome do faraó Ramsés, que significa "filho do deus Ra", e no de Tutmosis, que significa "filho do deus Thot". No entanto, é bem difícil imaginar que o povo de Israel tenha dado deliberadamente um nome egípcio ao maior de seus profetas.

Ainda outros detalhes resistem à crítica e dificilmente podem ter sido inventados. Por exemplo, Moisés desposa uma mulher estrangeira, que ainda por cima é uma Midianita, povo inimigo de Israel. Ora, o próprio Moisés estará na origem da legislação que proibirá os casamentos mistos (Ex 2,21; cf. também Nm 12,1; para os casamentos mistos, veja-se Dt 7,3; para os Midianitas, Nm 25,6.14-15; Jz 6,2-6). Enfim, Moisés morre antes de poder entrar na Terra Prometida, um espinhoso problema que os textos bíblicos procuram resolver sem de fato o conseguir (cf. Nm 20,1-13; Dt 1,37; 3,26-27). Esses detalhes criam grandes dificuldades, e é legítimo pensar que não são fruto da fantasia, porque uma narração totalmente criada é muito mais límpida.

Por sua vez, os textos sobre a permanência no deserto muito provavelmente contêm os traços de tradições espalhadas pelos pastores e por caravanas. Eles conhecem as estradas e as lendas que circulavam naquelas regiões; por exemplo, junto aos poços, lugares habituais de encontro naqueles meios. Essas narrativas tratavam de problemas típicos dessas regiões desérticas: onde encontrar água e alimento, como saber o caminho e como se defender dos perigos que espreitam o viajante.

A legislação junto ao monte Sinai apresenta um problema especial. É bem evidente, por exemplo, que os detalhes da construção do santuário, a tenda do encontro, são uma projeção ao passado de realidades muito mais tardias. Por seu conteúdo e sua linguagem, o parentesco de tais textos com os textos do livro de Ezequiel faz pensar numa data pós-exílica bem tardia.

Quanto ao decálogo, encontramos outro problema. Segundo toda aparência, o decálogo do livro do Êxodo, capítulo 20, é uma revisão do decálogo que temos no livro do Deuteronômio, capítulo 5. São textos tardios, pois revelam as preocupações de uma comunidade que reflete sobre as bases essenciais de sua existência, bem depois do exílio na Babilônia. É verdade que esse texto tem raízes antigas, sobretudo em sua segunda parte, que fala dos mandamentos sociais (cf. Os 4,2; Jr 7,9). Mas a formulação atual é recente e provavelmente posterior à reconstrução de Jerusalém e do templo. Ela mostra a fé num Deus único, fé que recolhe os frutos das experiências trágicas do passado e das reflexões do segundo Isaías (Is 40-55).

As leis que encontramos no que se chama de "código da aliança" (Ex 21-23) constituem sem dúvida uma das partes mais antigas do livro do Êxodo. O nome desse "código" vem do texto de Ex 24,7, que fala do "livro" ou "rolo da aliança", escrito por Moisés para a ocasião.

O parentesco de muitas leis, sobretudo as de Ex 21,1-22, 16, com as dos antigos códigos mesopotâmicos, entre outros, o famoso código de Hamurabi (1792-1750 a.C.), faz pensar numa data antiga. É provável que ele tenha sido escrito no momento em que a influência assíria se fazia sentir mais no reino do norte, a partir do século IX, ou no início do século VIII a.C., quando o reino do norte foi vassalo da Assíria por longo tempo. Os códigos de leis são, junto com os textos administrativos, os documentos mais antigos em nossa posse. Esse código foi revisto, corrigido e completado, depois disso chegou a Jerusalém após a queda da Samaria.

Em resumo, as partes mais antigas do livro do Êxodo devem ser buscadas nas leis, no código da aliança (Ex 21-23); depois, nas tradições sobre a saída do Egito em certos relatos sobre a permanência no deserto. Em seguida, temos relatos escritos após o exílio, releituras que sugerem ver no Egito o protótipo de Babilônia e fazem da saída do Egito a prefiguração do fim do exílio. O decálogo deve ser colocado em seguida a esses relatos, após o retorno do exílio. Enfim, as partes mais recentes são aquelas consagradas às instruções sobre a construção do santuário e de seus assessórios (Ex 25–31), e o relato de sua realização, sem dúvida ainda mais recente (Ex 35–40).

Os antigos manuscritos do livro do Êxodo

Uma última palavra sobre a tradição manuscrita. Encontramos o texto hebraico completo do livro do Êxodo no que se chamava o *Codex de Leningrado*, um manuscrito que data de 1009 d.C. Hoje alguns preferem chamá-lo de *Codex* ou *Manuscrito de São Petersburgo*. Ele tem, portanto, pouco mais de mil anos, mas está, por sua vez, muito longe, é claro, da época em que as primeiras tradições foram postas por escrito. Certo número de fragmentos do livro do Êxodo foi encontrado entre os manuscritos do Mar Morto, ou manuscritos de Qumran, redigidos entre 150 a.C e 70 d.C., mas que podem conter tradições mais antigas. Eles diferem em detalhes do texto hebraico do *Codex de São Petersburgo*. Nenhum manuscrito completo do livro do Êxodo foi encontrado em Qumran ou em outro lugar.

Por outro lado, possuímos o Pentateuco dos Samaritanos, cujos manuscritos mais antigos datam mais ou menos do século XII. Esse Pentateuco Samaritano difere sobretudo em detalhes do Pentateuco massorético, o do *Codex de São Petersburgo*. Os estudiosos contam mais ou menos 6000 diferenças, praticamente uma por versículo. No que se refere ao livro do Êxodo, há duas diferenças notáveis. A primeira diz respeito aos relatos das pragas do Egito. O relato do Pentateuco Samaritano é mais longo que o texto massorético. Este último usa muitas vezes a elipse, notadamente quando Deus dá a Moisés (e a Aarão) a ordem de ir ao faraó para lhe pedir que deixe Israel partir. Enquanto o relato massorético, o do *Codex de São Petersburgo*, deixa o leitor imaginar que Moisés (e Aarão) executa(m) a ordem, e que o faraó recusa, como aliás era previsto desde o início, o Pentateuco Samaritano, ao contrário, conta e volta a contar as etapas da ação, a chegada de Moisés (Aarão) junto ao faraó, o discurso de Moisés ao soberano e a reação negativa do faraó. Tal desejo de harmonia é típico do Pentateuco Samaritano. Outra diferença notável se encontra no capítulo 20. No Pentateuco Samaritano, o decálogo que conhecemos é seguido de uma ordem que manda construir um altar sobre o monte Garizim. Esse versículo retoma o texto de Dt 11,29 e Dt 27,4-7, mas lendo "Garizim" onde o texto massorético diz "Ebal". O Pentateuco Samaritano faz, portanto, do culto sobre o monte Garizim o segundo mandamento do decálogo, e isso diz toda a importância que o decálogo lhe dá.

A tradução grega dos Setenta, feita em Alexandria no século III a.C., está muitas vezes próxima do texto samaritano e difere muito do texto massorético nos capítulos 37 a 40 do livro do Êxodo. O texto da tradução grega é mais curto, e a ordem das perícopes é diferente. Mais de um especialista pensa que o texto massorético é mais recente e que é testemunha de uma vontade de fazer coincidir mais exatamente a execução da construção do santuário do deserto e de seus acessórios com as instruções dadas por Deus a Moisés nos capítulos 25 a 31. Ele atribui também mais importância à tribo de Judá. Essa vontade de insistir sobre o culto, até em seus menores detalhes, é típica da época helenística, como o testemunham os livros das Crônicas e o livro do Sirácida (cf., por exemplo, Sr 45,9-22; 50,1-21).

2
O que nos conta o livro do Êxodo?

Um resumo do livro do Êxodo:
das margens do Nilo ao monte Sinai

Não é simples encontrar um fio condutor no livro do Êxodo. Os primeiros capítulos são bastante lineares, pelo menos até o capítulo 15. Aprendemos que os hebreus – os israelitas – proliferam-se no Egito, que um novo faraó sobe ao trono e se põe a oprimir os hebreus, porque teme algum tipo de sublevação. É nessas circunstâncias que nasce Moisés, o futuro salvador de Israel. Depois de certo número de peripécias, ele é chamado por Deus, no episódio da sarça ardente, e mandado voltar ao Egito para pedir ao faraó que deixe Israel sair desse país. Moisés não está muito animado, mas se deixa convencer. Ele vai com seu irmão Aarão encontrar o faraó, mas essa primeira missão termina num amargo fracasso. O faraó se recusa e inclusive torna a vida para seus escravos ainda mais difícil. É então que começa a longa série das "pragas do Egito", que atingem o país com diversas calamidades. Mas o faraó, mal tendo passado uma calamidade, muda de opinião e se obstina. Será necessário esperar pela décima praga, a morte dos primogênitos de todo o Egito, a começar pelo herdeiro do trono, para que o faraó se decida a deixar partir o povo, que então sai durante a noite com armas e bagagens.

Está bem tudo o que termina bem. Foi assim apenas aparentemente, pois bastaram três dias para o faraó mudar de opinião e decidir ir ao encalce do povo a caminho do deserto, para levá-lo de volta a suas tarefas servis. Ele iria consegui-lo, pois à tarde encontra o povo acampado diante do mar. Assim, o povo foi pego de surpresa entre o mar e o formidável exército do faraó. Porém, o faraó não contou com Deus nem com Moisés, que intervêm e fazem o exército do faraó perecer no mar. São envolvidos pelas águas ou apanhados e derrubados por elas, pois o relato contém diversas versões do "milagre do mar". De todo jeito, o resultado é o mesmo: os egípcios perecem nas águas do mar, e os israelitas estão livres de seus opressores para sempre.

Começa então uma marcha no deserto, não em direção à Terra Prometida, mas para o monte Sinai. Por intermédio de Moisés, Deus intervém e volta a intervir diversas vezes para resolver os problemas nessa história, isto é, dar de beber e de comer a seu povo num meio hostil ou defendê-lo de ataques inimigos. E assim o povo chega ao monte Sinai. No decurso de uma longa e solene cenografia, Deus aparece sobre a montanha, proclama o decálogo, as "dez palavras" ou "dez mandamentos". Em seguida, transmite a Moisés uma série de prescrições detalhadas que dizem respeito aos direitos civis, ao direito penal e ao culto (o direito sagrado). Moisés desce da montanha, promulga todo esse direito perante o povo reunido, transcreve-o num livro e ele se torna a base de uma aliança solene concluída entre o povo e seu Deus. O povo promete fidelidade à aliança com seu Deus; mais concretamente, promete viver segundo as normas da lei que acaba de ser proclamada.

Uma vez concluída a aliança, Moisés é chamado por Deus à montanha do Sinai para receber uma longa série de instruções sobre a construção de um santuário portátil e de todos os acessórios necessários para o culto. Tudo estava indo bem quando intervém um acontecimento totalmente inesperado: o povo se cansa de esperar por Moisés, que continua no alto da montanha, e fabrica um novo deus ou uma nova representação do seu Deus, um bezerro de ouro. Cólera de Deus, bem legítima, cólera de Moisés, castigo para os culpados. Agora são necessários dois longos capítulos de diálogos entre Deus e Moisés para consertar os potes quebrados e, em termos mais bíblicos, renovar a aliança entre Deus e seu povo. Uma vez repostas as coisas em seu lugar, com alguns ajeitamentos, a construção do santuário e dos acessórios pode começar. Tudo se conclui com uma solene tomada de posse do santuário por Deus que vem habitar na "tenda do encontro". O Deus libertador vem morar no meio de seu povo libertado, e será agora desse santuário que ele vai guiar seu povo através do deserto. Aqui termina o livro do Êxodo, de certo modo abruptamente, pois o povo continuará ainda por meses ao pé do monte Sinai. Procuremos compreender o porquê desse final.

O fio condutor do livro do Êxodo: quem é o Senhor de Israel?

Encontramos pelo menos quatro grandes tipos de textos no livro do Êxodo. Ele contém, em primeiro lugar, uma série de relatos sobre a saída do Egito e sobre os primeiros meses de estadia no deserto. Em seguida, temos uma série de leis que pertencem ao direito sagrado, ao direito civil e ao direito penal. Em terceiro lugar, o livro contém longos capítulos sobre o culto, instruções sobre a construção do santuário e as crônicas detalhadas da execução dessas instruções. Por fim, temos um cântico, o cântico de Moisés, repetido por sua irmã Miriam e as jovens de Israel (Ex 15). Será possível encontrar uma ideia central, um fio condutor nesta aparente amálgama de textos bem diferentes e bem pouco homogêneos?

Vamos partir de um elemento bem simples, o da saída. De fato, a primeira parte do livro descreve uma situação penosa que faz nascer o desejo de sair do Egito, e o relato chega a uma primeira conclusão no momento em que esse desejo se torna realidade (Ex 1–15). A viagem, entretanto, não termina às margens do mar. O povo retoma a marcha e chega rapidamente ao pé do monte Sinai, onde arma suas tendas para longo tempo, pois ainda estará lá no fim do livro do Êxodo e lá permanecerá até o capítulo 10 do livro dos Números (Nm 10,11). E, na realidade, essa caminhada não terminará senão no livro de Josué, quando o povo entrar na Terra Prometida e tomar posse dela. A viagem não pode, portanto, ser o verdadeiro fio condutor do livro do Êxodo, pois é interrompida no capítulo 40.

Será certamente útil desde já perguntar por que o livro do Êxodo se encerra com o capítulo 40. O que acontece ali de tão especial? Na realidade, Deus, o Senhor de Israel, vem tomar posse do santuário. A nuvem e a "glória", símbolos de sua presença, enchem a "tenda do encontro". Ora, no mundo antigo, um santuário é, antes de tudo, a morada da divindade. Em outras palavras, o Senhor vem tomar posse de sua morada, de seu palácio, que se encontra no meio do acampamento de

Israel. Esse acampamento, que aliás estará disposto como o de um exército em campanha, tem como centro a tenda do estado maior, diríamos hoje. No livro do Êxodo, essa tenda é ocupada por Deus em pessoa. É ele que vai dirigir todas as operações.

Precisamos acrescentar mais uma coisa essencial a tudo isso. Na antiguidade, os exércitos são comandados pelos reis. Isso significa que o verdadeiro soberano, o senhor de Israel, é o Deus que o fez sair do Egito. Israel tem, portanto, como rei, seu Deus. Outra coisa muito importante: esse Deus não é somente um deus nacional. Ele é também o criador do universo e o Senhor de todas as nações. Ele o provou durante a passagem do mar (Ex 14), pois ele pôde dar ordens ao vento, ao mar, e fazer aparecer a terra seca no meio das águas. É o criador do universo que vem se instalar em seu palácio no meio do acampamento de Israel e no centro de toda a criação. Daí o paradoxo sobre o qual será preciso voltar: o soberano de todo o universo se contenta com uma modesta tenda, desmontável e portátil, para acompanhar seu povo durante seu périplo no deserto, em direção ao destino final, a Terra Prometida.

Esse final do livro do Êxodo tem, portanto, todo o seu sentido. Ele corresponde aliás a outros relatos conhecidos na Mesopotâmia ou na Fenícia. Nas narrativas da criação, o deus criador, Marduk na Babilônia, ou Baal em Ugarit – um porto no norte da Fenícia – termina sua obra criadora mandando que lhe seja construído um templo, um palácio, no centro de sua criação. Em nossa Bíblia, o Deus criador se contenta de instaurar o sábado no sétimo dia. Ele instaura um tempo sagrado, mas ainda não possui o espaço sagrado. Será necessário esperar até o fim do livro do Êxodo para que o Deus criador da Bíblia adquira um santuário. Com efeito, é somente nesse momento que ele adquire para si um povo e que esse povo libertado pode honrar seu Deus em toda liberdade. As alusões ao relato da criação em Ex 39–40 confirmam que de fato há uma boa relação entre os dois momentos. Retenhamos apenas os elementos essenciais: o esquema dos sete dias da semana (Ex 24,16); os trabalhos são *terminados*, como a criação é *terminada* (Ex 39,32; 40,33 e Gn 2,1); Moisés vê toda *a obra* concluída, como Deus *olha* sua *obra* criadora (Ex 39,43 e Gn 1,31); Moisés *abençoa* a obra concluída, como Deus *abençoa* suas criaturas e o sétimo dia (Ex 39,43 e Gn 1,22.28; 2,1). Essas correspondências são intencionais e mostram suficientemente que a obra criadora encontra seu complemento necessário na construção do santuário.

Tudo isso nos coloca uma última questão: como pode ser que Deus não mandou que fosse construído para ele um santuário mais cedo? O problema é sério, e não há senão uma única resposta a essa questão: porque Deus, o Deus de Israel, ainda não tinha sido reconhecido como o único soberano de seu povo. A instalação não pode ter lugar senão depois de estarem resolvidos certos problemas sérios. Sem dúvida, o primeiro de todos é que o soberano que pretende reinar sobre Israel é o faraó do Egito. "Quem é o SENHOR a cujas ordens eu me submeta deixando Israel partir? Eu não conheço o SENHOR e não deixarei Israel partir" (Ex 5,2). É necessário que passe um tempo antes que o faraó reconheça que o Deus de Israel é o Senhor, e que ele, faraó, deixe Israel partir.

No deserto, tudo parece se desenvolver sem dificuldade, mas em breve surge uma dificuldade inesperada: o povo se põe a adorar um bezerro de ouro (Ex 32). Eis um rival, que vem para contestar a supremacia do Deus do êxodo. Isso exigirá toda a paciência e toda a perseverança de Moisés para resolver essa crise. Quando a solução for encontrada e a relação entre Deus e o povo for restabelecida, então a construção do santuário pode começar e será também levada a bom termo (Ex 35—40). Deus poderá enfim vir morar em seu "palácio" e reinar sobre seu povo, sem mais ser contestado.

Por conseguinte, o livro do Êxodo responde a uma questão: a quem Israel vai servir? A questão pode também ser formulada inversamente: quem é o soberano de Israel? Isso permite dar um novo sentido ao título do livro de George Auzou, *Da servidão ao serviço*, pois o livro do Êxodo conta como Israel passa da servidão, imposta pelo faraó, ao serviço livre do Deus que o libertou, livrando-se, no caminho, de todos os bezerros de ouro que tentavam fazê-lo desviar-se do caminho certo.

3

O livro do Êxodo: um cantochão ou uma cantata a várias vozes?

A leitura do livro do Êxodo é menos simples do que a do livro do Gênesis. Gênesis é mais unificado, sobretudo quanto ao conteúdo. De fato, é uma narração que inicia pela criação e termina com a chegada da família de Jacó ao Egito. O livro do Êxodo cobre um tempo ("tempo narrado") bem mais curto, da opressão no Egito até a chegada ao monte Sinai. Mas logo o leitor se dará conta de que o relato apresenta uma moldura de textos legislativos ou cultuais que ocupam quase a metade dos quarenta capítulos. Na realidade, encontramos aí ao mesmo tempo a constituição fundamental de uma nação e o relato oficial de suas origens. O objetivo principal é de fornecer aos destinatários do livro uma documentação sobre o essencial do direito da nação e uma justificativa dele a partir da narrativa de suas origens. Trata-se, portanto, de convencer os membros do povo de Israel, de geração em geração, a continuarem sendo fiéis a esse passado imemorial. Em primeiro lugar, Israel é convidado a aceitar como sua Lei aquela que foi promulgada no Sinai, e a celebrar o culto que foi inaugurado ao pé dessa montanha. No mundo antigo, é a antiguidade que dá valor a uma instituição. As leis de Israel serão, portanto, leis válidas e autênticas se remontarem às origens do povo no deserto do Sinai. É verdade que se trata mais de uma tradição do que de um fato histórico. Mas, na mentalidade antiga, e por isso também na mentalidade bíblica, é a tradição que conta, e não os fatos alegados, que em não raros casos escapam a qualquer pesquisa histórica.

A imagem que melhor corresponde ao conteúdo do livro do Êxodo é a dos arquivos em que os documentos essenciais são classificados dentro de certa ordem, mas não necessariamente organizados, compilados e harmonizados dentro de uma obra homogênea, resultado do trabalho de uma pessoa só. Sem dúvida, há unidade de intenção, mas não unidade de estilo. Todos os documentos servem, contudo, a um único fim: explicar as origens do povo de Israel e permitir a esse mesmo povo saber como sobreviver através de todas as peripécias de sua existência.

Outra imagem que vem à mente é a de algumas de nossas cidades antigas, como Paris, Lyon, Marselha, Rouen e outras. Elas foram habitadas durante séculos, sofreram os estragos do tempo, de guerras, epidemias, inundações e outras catástrofes naturais. O centro da cidade não foi sempre o mesmo, o plano da cidade pode ter sido modificado, assim como Haussmann conseguiu remodelar a capital francesa no decorrer do século XIX ou os Piemonteses redesenharam o tecido urbano de Roma depois de 1870. Os estilos e as construções de diversas épocas se alinham lado a lado ou se sobrepõem, as ruas e avenidas se dispõem em geometria variável, os planos de urbanização se sucederam para responder a novas necessidades, como a passagem da tração com cavalos ao motor de explosão ou à construção do metrô. *É difícil, e talvez até impossível, reconduzir o conjunto da cidade a uma única ideia diretriz*, menos ainda a um único arquiteto. Cada época tinha suas prioridades e seu estilo. Por vezes, como na Paris de Haussmann, certo estilo é bem reconhecível em diversas partes da cidade, especialmente na parte central. Mas ele certamente não é o único. Isso não impede a cidade de ser uma cidade, seja Paris, Lyon, Marselha, Roma, Madri ou Barcelona. Existe o centro e a periferia, os quarteirões chiques e os quarteirões populares, os quarteirões residenciais e os quarteirões comerciais, as zonas verdes e as zonas industriais. Há unidade e diversidade.

Exemplos de textos compostos

Algo bem semelhante encontramos no livro do Êxodo, com uma justaposição, por vezes uma superposição de peças de diferentes épocas e, portanto, de estilos diferentes. Bastarão dois exemplos como demonstração.

A primeira das pragas do Egito é frequentemente intitulada de "a água transformada em sangue" (Ex 7,14-24). Na realidade, Deus ordena a Moisés e Aarão de irem ao faraó, que se recusa a deixar o povo de Israel partir, e como represália Deus ajunta: "Dize ao faraó: O SENHOR, o Deus dos hebreus, me enviou para te dizer: Deixa partir meu povo, para que me sirva no deserto; até agora, porém, tu não me escutaste. Assim fala o SENHOR: Nisto conhecerás que eu sou o SENHOR: vou ferir as águas do rio com o bastão que tenho na mão e elas vão converter-se em sangue" (Ex 7,16-17). Portanto, fica bem claro que serão as águas do rio Nilo que serão convertidas em sangue. Mas, a surpresa vem pouco depois, quando o mesmo Deus dá esta ordem a Moisés: "Dize a Aarão: Toma o teu bastão, estende a mão sobre as águas do Egito – sobre seus riachos, seus canais, seus lagos, por toda parte onde existe água; que se tornem sangue! Que haja sangue em toda a terra do Egito, nos recipientes de madeira e nos recipientes de pedra!" (Ex 7,19). Desta vez, o castigo não atinge somente o Nilo, mas se estende a todas as águas do Egito, inclusive aquela que se encontra nos recipientes de madeira e de pedra, o que quer dizer até no interior das casas. Temos aqui uma amplificação do relato, procedimento bem típico das tradições antigas. Uma coisa fica clara neste caso: trata-se de duas "vozes" diferentes, duas maneiras de narrar a praga da água mudada em sangue.

Outro exemplo muito claro de uma justaposição de documentos, como num classificador de arquivos, encontra-se no capítulo 24 do Êxodo. Eis o texto, na *Tradução Ecumênica da Bíblia* (2020):

> [1][Deus] disse a Moisés: "Subi ao SENHOR, tu, Aarão, Nadab e Abihu, como também setenta anciãos de Israel, e vos prosternareis a distância. [2]Só Moisés se aproximará do SENHOR. Eles não se aproximarão. E o povo não subirá com ele."
> [3]Moisés veio transmitir ao povo todas as palavras do SENHOR e todas as normas. Todo o povo respondeu a uma só voz: "Todas as palavras que o SENHOR disse, nós as poremos em prática." [4]Moisés escreveu todas as palavras do SENHOR. Levantou-se bem cedo e construiu um altar no sopé da montanha, com doze estelas para as doze tribos de Israel. [5]Em seguida, enviou os jovens de Israel; eles ofereceram holocaustos e sacrificaram novilhos como sacrifícios de paz ao SENHOR. [6]Moisés tomou a metade do sangue e o verteu em recipientes; com o resto do sangue, aspergiu o altar. [7]Tomou o livro da aliança e o leu ao povo, que declarou: "Tudo o que o SENHOR disse, nós o

poremos em prática, nós o ouviremos." ⁸Moisés tomou o sangue e com ele aspergiu o povo, dizendo: "Este é o sangue da aliança que o SENHOR firmou convosco, com base em todas estas palavras."
⁹E Moisés subiu, como também Aarão, Nadab e Abihu e setenta dentre os anciãos de Israel. ¹⁰Viram o Deus de Israel e, sob os seus pés, havia como que um pavimento de lazulita, de uma limpidez semelhante ao fundo do céu. ¹¹Ele não ergueu a mão contra esses privilegiados filhos de Israel. Contemplaram a Deus, comeram e beberam.

Mesmo um leitor pouco advertido verá que temos aqui dois relatos, e que o segundo está enquadrado entre a introdução e a conclusão do primeiro. Nos versículos 1-2, Deus *dá uma ordem* a Moisés, a seu irmão Aarão, aos dois filhos de Aarão e a setenta dentre os anciãos. Eles devem subir sozinhos à montanha para onde Deus os convoca. Encontramos de novo esses personagens no versículo 9, juntos e na mesma ordem, e eles executam a ordem divina, sobem à montanha. Segue então uma cena que se desenvolve no cimo da montanha onde o grupo pode contemplar a Deus e participar de uma refeição em sua presença (Ex 24,9-11).

Na parte central, pelo contrário, nos versículos 3-8 Moisés está sozinho. Aarão e seus filhos estão ausentes, e isso é surpreendente, pois Moisés deve pedir a jovens que ofereçam sacrifícios, o que em geral é uma tarefa propriamente sacerdotal. Não se trata de subir à montanha; estamos ao pé dela, e todo o povo, antes de quaisquer outros privilegiados, está presente à proclamação da lei e ao ritual do sangue, ritual de conclusão de uma aliança entre Deus e seu povo. Trata-se, portanto, claramente de duas ações diferentes, com duas séries de personagens diferentes e em dois lugares diferentes. É bem difícil conciliar ou harmonizar esses dois relatos. Temos, portanto, claramente diversas mãos à obra na composição do livro do Êxodo.

O estilo do escritor sacerdotal

O estilo que mais facilmente se pode reconhecer é sem dúvida aquele que comumente é chamado "estilo sacerdotal". Ele é feito de frases bastante curtas, de proposições coordenadas, mais que de longos períodos com proposições subordinadas, e adota facilmente um estilo quase litúrgico, feito de repetições semelhantes a certos refrãos de nossos cantos. A escolha das palavras e fórmulas é também feita com muito cuidado. Muitas vezes, trata-se de uma linguagem jurídica, com um sentido preciso. Eis um dos melhores exemplos, tomado do capítulo 6 do Êxodo (Ex 6,2-8):

> ²Deus falou a Moisés dizendo-lhe: "Eu sou o SENHOR. ³Apareci a Abraão, a Isaac e a Jacó como Deus Poderoso, mas sob o meu nome, 'o SENHOR', YHWH, não me dei a conhecer a eles. ⁴Também estabeleci minha aliança com eles, para lhes dar a terra de Canaã, terra de suas migrações, onde eram migrantes. ⁵Enfim, ouvi o lamento dos filhos de Israel, escravizados pelos egípcios, e me lembrei de minha aliança.
> ⁶Por isso, dize aos filhos de Israel: Eu sou o Senhor. Eu vos farei sair das corveias do Egito. Libertar-vos-ei da sua servidão. Eu vos reivindicarei com poder e autoridade. ⁷Tomar-vos-ei como meu povo, e para vós eu serei Deus. Conhecereis que sou eu, o SENHOR, que sou vosso Deus: aquele que vos fez sair das corveias do Egito. ⁸Eu vos farei entrar na terra que, com a mão erguida, dei a Abraão, a Isaac e a Jacó. Eu vo-la darei em posse. Eu sou o SENHOR."

Em primeiro lugar, notemos a tríplice repetição da afirmação central desse discurso divino: "Eu sou o SENHOR". Ela introduz o discurso no v. 2, o conclui no v. 8 e divide o discurso em duas partes no v. 6. Um quarto uso se encontra no v. 7, numa proposição subordinada que acrescenta um elemento importante: o que é afirmado por Deus será conhecido e reconhecido pelo povo de Israel quando o Senhor fizer de Israel o seu povo. Trata-se, com efeito, da pedra angular da fé desse povo.

Notemos também três outras repetições de certa importância. Os nomes dos três patriarcas se encontram nos v. 3 e 8, cada vez em ligação com a promessa solene de lhes dar esse país. Trata-se do que se chama de "inclusão", que é a maneira de introduzir e de concluir um texto com uma mesma fórmula ou uma mesma série de palavras. Notemos, contudo, que a promessa solene de dar o país aos patriarcas é formulada de maneira diferente no v. 3, que fala de uma "aliança", enquanto o v. 8 fala de um juramento "com mão levantada". O escrito sacerdotal gosta de pequenas variantes em seu estilo. Notemos ainda que a palavra "aliança" é repetida nos v. 4 e 5.

A segunda repetição é aquela que se encontra nos v. 6 e 7: o Deus de Israel, seu Senhor, é aquele que vai libertar ou "fazer sair" seu povo das "corveias do Egito" (v. 6), esse acontecimento será o que ficará atribuído para sempre a seu nome. Israel poderá dizer que o primeiro atributo de seu Deus é o fato de ele o ter libertado da servidão.

A terceira repetição está ligada à segunda. O Deus que ainda não se tinha "dado a conhecer" sob o nome de "Senhor" no v. 3, dá-se a conhecer a seu povo sob esse nome quando faz de Israel, libertado das "corveias do Egito", seu próprio povo (v. 7). O lugar da revelação do nome divino, o Senhor, é, portanto, justamente a experiência do êxodo, a passagem "da servidão ao serviço".

Último elemento que pode ajudar a apreciar melhor o estilo "sacerdotal": a primeira parte do discurso divino, os v. 2-5, falam do passado, enquanto a segunda parte, reforçada por uma nova introdução, "Por isso, dize aos filhos de Israel" (v. 6), está toda ela no futuro. Tudo isso quer dizer que esse discurso está construído com muito cuidado.

Sobre o vocabulário jurídico que pouco a pouco define o estatuto do povo de Israel em relação a seu Deus, os ancestrais de Israel são antes de tudo "emigrados", quer dizer, não são cidadãos de pleno direito na terra de Canaã (v. 4). No Egito, Israel se torna um povo de escravos, um estrato ainda inferior ao de emigrados (v. 5). É pela intervenção direta de Deus que o povo adquire a liberdade (v. 6). Uma vez livre, Deus estabelece uma relação totalmente particular entre ele e seu povo. O texto usa de fato uma fórmula que se refere ao casamento: tomar alguém para si como marido/esposa e tornar-se sua esposa/seu marido (v. 7). Essa expressão se encontra em diversos lugares do Antigo Testamento. Bastará um exemplo, e ele se encontra no fim do capítulo 24 do Gênesis, para contar o casamento de Isaac e de Rebeca: "[Isaac] tomou Rebeca, que se tornou sua mulher". A expressão é igualmente usada quando equivale a uma adoção: "Mardoqueu a adotara como (sua) filha" (Est hebr. 2,7). Tudo isso pode querer dizer que o texto significa que Deus faz do povo de Israel um parceiro privilegiado, à semelhança de uma esposa. Como sabemos, essa imagem é muitas vezes usada para ilustrar a aliança entre Deus e seu povo. Enfim, último ato, Deus "faz entrar" seu povo na terra que tinha jurado dar a Abraão, Isaac e Jacó. Essa linguagem também é conhecida, pois sanciona a entrada da esposa no domicílio conjugal, como Isaac faz entrar Rebeca em sua tenda: "Isaac a fez entrar na sua tenda" (Gn 24,67). O texto nos faz assistir progressivamente a todas as etapas que fazem de Israel o parceiro privilegiado de seu Senhor, à semelhança de uma esposa.

Geralmente, os especialistas consideram que esse "escritor sacerdotal" fez esse trabalho após o exílio, no tempo em que os primeiros exilados voltavam de Babilônia, e que ele fez uma releitura de toda a história de Israel, desde a criação até as margens do Jordão, para devolver a esperança a seu povo e convencê-lo de que Deus lhe reservava um futuro em sua terra. Ele também se interessa muito pelas instituições cultuais, é por isso que ele é chamado de "escritor sacerdotal". Temos, contudo, boas razões para pensar que se trata antes de uma escola do que de um indivíduo. É a esse escritor sacerdotal que se atribui, por exemplo, o primeiro capítulo do Gênesis, o qual termina pelo "repouso divino", o primeiro "sábado" do universo.

O estilo dos relatos tradicionais

Os primeiros capítulos do Êxodo contêm algumas páginas que trazem os sinais das tradições antigas. Como exemplo desse estilo típico, tomarei o relato do nascimento de Moisés (Ex 2,1-10):

> ¹Veio um homem da família de Levi e casou-se com uma mulher também descendente de Levi. ²Ela ficou grávida e deu à luz um filho. Vendo que era bonito, escondeu-o por três meses. ³Não conseguindo escondê-lo por mais tempo, arranjou-lhe uma arquinha, feita de papiro, revestiu-a com betume e piche, nela pôs o menino e a levou para o meio

dos juncos à beira do rio. ⁴A irmã do menino ficou a distância, para ver o que ia lhe acontecer.

⁵Ora, a filha de Faraó desceu para se lavar no rio, enquanto suas acompanhantes andavam pela margem. Vendo a arquinha entre os juncos, mandou que sua criada a apanhasse. ⁶Abriu-a e viu a criança: era um menino chorando. Teve pena dele e disse: "É uma criança dos hebreus."

⁷A irmã dele disse à filha de Faraó: "Queres que eu vá chamar uma ama de leite entre as mulheres dos hebreus? Ela poderia amamentar o menino para ti." ⁸"Vai", disse-lhe a filha de Faraó. E a moça chamou a mãe do menino. ⁹"Toma essa criança e amamenta-a para mim," – disse-lhe a filha de Faraó – "eu te darei salário." A mãe tomou o menino e o amamentou.

¹⁰O menino cresceu, e ela, então, o levou para a filha de Faraó. Ele se tornou um filho para ela, que lhe deu o nome de Moisés, pois dizia: "Eu o tirei das águas."

Notemos alguns traços principais desse estilo narrativo. Antes de mais nada, ele se compõe de uma série rápida de cenas bem breves. Cada uma fala apenas de dois personagens ativos: o casamento do pai e da mãe de Moisés que continuam ambos anônimos (v. 1); a mãe e o menino recém-nascido (v. 2-3); a irmã do menino é introduzida então para preparar a cena seguinte (v. 4); a filha do faraó e o menino recém-nascido (v. 5-6); a filha do faraó e a irmã do recém-nascido (v. 7-8); a filha do faraó e a mãe do recém-nascido (v. 8-9); a mãe do menino e a filha do faraó que na conclusão (v. 10) fica sozinha na cena com o menino.

A ação é rápida e várias vezes resumida por algumas palavras. Por exemplo, a preparação da cesta para nela esconder a criança e a colocar entre os juncos, às margens do rio (v. 4).

Temos também alguns diálogos no momento decisivo. Por exemplo, o da irmã do recém-nascido que se oferece para ir buscar a mãe da criança para o amamentar (v. 7), como também o pedido da filha do faraó à mãe para cuidar do menino (v. 9).

Os personagens aparecem quando são ativos na cena e desaparecem quando cumpriram seu papel. O pai, por exemplo, nunca é mencionado e nada saberemos de suas reações no decorrer da narração. Ele não participa nem sequer nas decisões da mãe. A irmã aparece de repente para se ocupar do menino deixado entre os juncos, à margem do rio. Parecia que o menino era o primogênito. Ele não o é, e nós não tínhamos sido informados disso. A irmã do recém-nascido aparece simplesmente porque é útil para a ação. E ela desaparece também rapidamente, quando cumpriu seu dever, nos v. 7-8. A narração não falará mais dela e nada nos dirá, por exemplo, do relacionamento entre os dois filhos.

Tudo é centralizado nas ações e nada nos é revelado sobre os sentimentos ou as intenções dos personagens. Vemos tudo a partir de fora, como se estivéssemos num teatro na primeira fila. Por que a mãe decide expor seu filho na margem do Nilo, dentro de uma cesta de papiro impermeável? Sabia ela, por exemplo, que a filha do faraó vinha regularmente se banhar nesse lugar? Terá ela previsto, ou mesmo esperado, que a filha do faraó encontraria a cesta? Ou será que ela simplesmente confiou numa sorte favorável? Quais eram os sentimentos da mãe quando deixou seu filhinho em sua cesta no meio dos caniços e voltou para sua casa? Quais foram seus sentimentos, sua angústia, durante as horas seguintes? O que pensa a irmã do menino durante todo esse tempo?

E quando viu sua filha chegar com a feliz notícia, qual foi a reação da mãe? O que é que ela terá sentido, quando pôde novamente apertar a criança em seus braços, para lhe dar de mamar? O que aconteceu durante os dois ou três anos até a criança deixar de mamar? O que a mãe terá dito ao filho no momento em que dele se separou e ao conduzi-lo ao palácio da filha do faraó? Conseguimos imaginar o momento em que a mãe disse "adeus" ao filho que ela nunca mais veria? Conseguimos imaginar o que ela pôde ter sentido, sozinha, no caminho de volta para casa? E o que saberemos sobre a reação do menino que passa dos braços da mãe aos de uma desconhecida, a filha do faraó? E como ele viveu, que educação teve, que caráter se desenvolveu nele? Ou, simplesmente, que língua falou? Todos esses detalhes continuam obscuros para nós, e o relato em momento algum procura satisfazer nossa curiosidade. Somente a ação é que conta, e a ação nos descreve como esse menino escapa da morte de uma maneira bem particular, mas sem nenhuma intervenção divina. Ele é salvo, "tirado das águas", como o diz a etimologia popular de seu nome (v. 10). Trata-se de um último detalhe surpreendente, porque podemos perguntar se a criança ficou sem nome durante o tempo que passou com sua mãe. Esse detalhe não tem importância no relato. É o nome que ele recebe da filha do faraó que é essencial, e a explicação do seu nome, ligado ao episódio de seu salvamento.

O relato faz, contudo, uma exceção quando nos lembra os sentimentos da filha do faraó no momento em que ela encontra o menino dentro da cesta de papiros: "[Ela] abriu-a e viu a criança: era um menino chorando. Teve pena dele e disse: 'É uma criança dos hebreus'" (v. 6). "Teve piedade dele": este elemento é decisivo, pois a piedade da filha do faraó é o elemento que decidiu a sorte do menino. Como sabemos, o faraó tinha dado ordem de jogar no Nilo todas as crianças masculinas dos hebreus (Ex 1,22, o versículo que precede imediatamente nosso relato). A primeira a desobedecer às ordens do faraó é sua própria filha. Pode-se ver nisso uma reação típica do instinto maternal, mas também é possível compreender que, para a filha do faraó, a voz de sua consciência, a voz de sua natureza profunda, é mais forte do que a voz de seu pai faraó e suas ordens cruéis. Ela vê bem que é um menino hebreu, mas não hesita, e não pode de modo nenhum resignar-se a deixar que ele morra. É como a voz de um direito fundamental à vida que triunfava sobre as leis mortais promulgadas por seu pai, representando um poder opressor e totalitário, portanto iníquo.

O relato, enfim, também é irônico, como é frequentemente o caso quando os fracos falam de um poder tirânico. A mãe do menino o reencontra e ela o cria às custas da corte, às custas do faraó que tinha decidido a morte dos recém-nascidos dos hebreus.

Concluindo, o estilo desse relato, como também o de muitos outros relatos bíblicos, é conciso, centrado mais sobre a ação do que sobre a psicologia das pessoas. É linear e omite todos os detalhes que poderiam tirar a atenção da ação principal. Daí esse estilo elíptico que deixa tanto espaço para a imaginação dos leitores e leitoras, desde gerações.

O estilo do livro do Êxodo é certamente polifônico. Por isso, é importante se habituar a este canto a várias vozes, composto em tons e princípios diferentes dos nossos. Contudo, todas as vozes se unem para cantar o mesmo canto de um povo, cuja primeira experiência foi a libertação da escravidão, e, a primeira conquista, a liberdade.

4

O mundo das leis e o estilo delas

As leis civis e cultuais ocupam quase a metade do livro do Êxodo, por isso me parece útil dizer uma palavra sobre seu estilo, pois direta ou indiretamente o direito bíblico também influenciou nossa cultura jurídica. Contudo, há também grandes diferenças entre o direito bíblico e o direito de nossas democracias, o que se nota já no próprio estilo.

Antes de tudo, é importante saber que as primeiras cortes de justiça eram muito menos formais do que nossos tribunais atuais. Os problemas eram discutidos pelos notáveis do povoado ou da pequena cidade, pelos pais de família, "na porta da cidade" (cf. Dt 17,8; Rt 4,1; Jó 5,4; 31,21; Am 5,12.15), quer dizer, na praça pública, e de acordo com um direito consuetudinário transmitido oralmente, de geração em geração. Sem, por enquanto, entrar no detalhe das leis e de suas interpretações, digamos contudo que é preciso cuidar para não as confundir com um código civil ou um código penal de nossas modernas sociedades, como veremos mais adiante.

As leis civis, apodíticas e casuísticas

Convém distinguir alguns tipos principais de leis no "código da aliança". Temos leis bem curtas, que anunciam muitas vezes grandes princípios, sem tomar em consideração nenhuma circunstância. Por exemplo (Ex 21,12.15-17):

[12]Quem ferir mortalmente um homem será morto.
[15]E quem ferir seu pai ou sua mãe será morto.
[16]E quem cometer um rapto – quer o homem tenha sido vendido ou ainda se encontre prisioneiro em suas mãos – será morto.
[17]E quem insultar seu pai ou sua mãe será morto.

Essas leis, que às vezes são chamadas "apodíticas", a partir do exegeta alemão Albrecht Alt (1883-1956) não são muito numerosas. São chamadas "apodíticas" porque anunciam princípios muito simples, sem ter em conta circunstâncias. São características de um direito tradicional que procura proteger os elementos essenciais de uma sociedade: a vida humana, o respeito aos pais e a autoridade parental, a liberdade dos indivíduos. Voltamos a encontrar esse estilo no decálogo, por exemplo: "Não cometerás homicídio", "Não raptarás" (Ex 20,13.15).

Mais adiante, essas leis muito simples, que têm pouco em conta, ou muito pouco, as circunstâncias, serão corrigidas ou completadas. Por exemplo, a lei de Ex 21,12: "Quem ferir mortalmente um homem será morto" será corrigida em consideração a circunstâncias atenuantes, cf. Ex 21,13-14: "Entretanto, para quem não esperou sua vítima de tocaia – foi Deus quem a fez cair em suas mãos –, eu te indicarei um lugar onde ele poderá refugiar-se. Mas quando um homem está encolerizado contra o próximo a ponto de matá-lo traiçoeiramente, tu o arrancarás até mesmo do meu altar para que morra". Aqui a lei distingue o crime cometido com premeditação, de uma morte "acidental", sem premeditação. O assassino involuntário poderá encontrar refúgio num santuário. Um assassinato deliberado, ao contrário, não terá o benefício de tal clemência.

Isso nos leva ao segundo grande tipo de leis, chamadas, novamente a partir de Albrecht Alt, de "leis casuísticas". Nesse segundo tipo, o enunciado da lei visa uma série de circunstâncias, introduzidas o mais das vezes pelas conjunções "quando" ou "se". Eis um exemplo (Ex 22,9-14):

> [9]Quando um homem entregar à guarda de seu próximo um jumento, um boi, uma ovelha ou qualquer outro animal, e acontecer que este venha a morrer, a se ferir ou a ser roubado, sem que isso tenha sido visto, [10]neste caso deverá ser feito entre os dois adversários um juramento em nome do SENHOR, pelo qual se declara que um não pôs a mão nos bens do outro. O dono do animal aceitará, e o outro não dará nenhuma indenização.
> [11]Mas se o animal foi roubado de junto dele, indenizará o dono.
> [12]Se o animal foi estraçalhado [por uma fera], os restos serão apresentados como testemunho; não haverá indenização pelo animal estraçalhado.
> [13]E quando um homem emprestar ao seu próximo um animal que venha a se machucar ou a morrer na ausência do proprietário, o que emprestou deverá indenizar o proprietário.
> [14]Se isso acontecer na presença do dono, o que emprestou não pagará indenização alguma. Se havia alugado o animal, pagará o preço do aluguel.

A lei tem em vista uma série de eventualidades, sem dúvida frequentes numa sociedade pastoril, que incluem todos os animais. O primeiro caso é o de um animal confiado a um vizinho. Esse animal pode morrer, se ferir ou ser roubado. O que fazer em tais circunstâncias? O texto distingue várias possibilidades.

No primeiro caso, o incidente aconteceu sem que a pessoa que tinha a guarda do animal o soubesse. O caso se decide após juramento dessa pessoa, que não deverá dar nada como indenização.

Se ao contrário, no segundo caso, a pessoa estava presente, deverá indenizar o proprietário.

No terceiro caso, o animal foi devorado por uma fera selvagem. Disso deve ser fornecida a prova, trazendo ao proprietário os restos do animal, restos que então deverão ser encontrados. Não basta, portanto, afirmar que o animal "pode ter sido devorado". Em semelhante contexto, lembramo-nos que os irmãos de José levam ao pai a túnica de José embebida no sangue de um bode como prova do que diziam (cf. Gn 37,31-32).

O quarto caso é diferente, pois se trata não de um animal confiado à guarda do vizinho, mas de um animal emprestado. Também aqui, três possibilidades são tomadas em consideração. Em primeiro lugar, se o animal se fere ou morre quando o proprietário do animal emprestado está ausente, aquele que pegou emprestado o animal deve indenizar o proprietário. Em segundo lugar, se o proprietário está presente, não haverá indenização. Em terceiro lugar, se o animal estava emprestado e se fere ou morre, será necessário dar ao proprietário o preço do empréstimo. É preciso supor que se trata de um asno ou de um boi emprestados para trabalhos agrícolas ou para o transporte de mercadorias.

Notemos ainda que esses textos de leis continuam sendo imprecisos em relação a vários pontos. Não se diz, por exemplo, qual é a soma da compensação. "Haverá indenização", "não dará nenhuma indenização", e nada mais. O resto deverá ser decidido entre as partes, pelo que parece. Nem sequer se fala de uma assembleia, menos ainda de um juiz.

Do ponto de vista do estilo, importa ver que todas as circunstâncias são introduzidas da mesma maneira: "quando um homem...", "se o animal...". Esse estilo é típico das leis bíblicas, como também das leis da Mesopotâmia e das leis hititas, por exemplo. Existe, portanto, um estilo jurídico comum a diversas culturas do Próximo Oriente antigo, e que muito provavelmente provém da antiga cultura mesopotâmica.

Existe, porém, outra série de leis que são ligeiramente diferentes das que encontramos nos códigos mesopotâmicos ou hititas. São leis formuladas na segunda pessoa, num estilo mais próximo do estilo da sabedoria do que o dos códigos legislativos. Eis um exemplo (Ex 22,20-23):

> [20]Não explorarás nem oprimirás o migrante, pois fostes migrantes na terra do Egito.
> [21]Não maltratareis nenhuma viúva e nenhum órfão.
> [22]Se o maltratares e ele clamar a mim, ouvirei o seu clamor; [23]minha cólera se inflamará e eu vos matarei pela espada; vossas mulheres ficarão viúvas e vossos filhos, órfãos.

São exortações para se comportar bem, mais do que leis com previsão de sanções. É, aliás, Deus que se encarrega de julgar e de punir. A lei sobre o migrante é, por sua vez, acompanhada por uma cláusula explicativa: "pois fostes migrantes na terra do Egito". Israel é, portanto, chamada a tirar as lições de sua história.

Essas cláusulas explicativas também são típicas do estilo de certas leis bíblicas. Eis um segundo exemplo (Ex 22,25-26):

> [25] Se tomares o manto de teu próximo em penhor, devolvê-lo-ás ao pôr do sol, [26] pois o manto que lhe protege a pele é o seu único cobertor. Em que deitaria? E se acontecer de ele clamar a mim, hei de ouvi-lo, pois eu sou compassivo.

Também aqui é Deus que se compromete a fazer justiça, segundo o enunciado dessa lei, e a justificação é de ordem teológica: "pois eu sou compassivo". Nesses enunciados, deparamo-nos com leis das quais é difícil encontrar o equivalente nos demais códigos do Próximo Oriente antigo. Por outra parte, o modo de agir em caso de infração é ainda menos detalhado que em outras leis.

O estilo das leis cultuais

Os capítulos 25–31 e 35–40 do livro do Êxodo, consagrados às diretrizes sobre a construção do santuário e sobre sua realização, não são as mais apreciadas por parte do leitor moderno. Elas são particularmente fastidiosas, por seu cuidado pelo detalhe, pelo número de termos técnicos, muitas vezes obscuros, e pela abundância de exatidões de números. Neste parágrafo, desejo apenas aludir a algumas características do estilo desses capítulos, além dos traços que acabo de mencionar.

Tais capítulos insistem muito sobre a conformidade entre as ordens divinas e a execução dessas ordens por Moisés e os artesões que o auxiliam. O próprio Deus insiste sobre essa conformidade: "Vou te mostrar a planta da morada e o plano de todos os seus objetos: fareis tudo exatamente assim" (Ex 25,9). Isso se repete no final das instruções, antes de uma nota sobre o repouso do sábado: "[Eles] farão exatamente como eu te ordenei" (Ex 31,11). Em outras palavras, o santuário e o culto são segundo um modelo que Deus em pessoa mostrou a Moisés. Não se trata, de modo algum, de um projeto humano; trata-se de uma instituição de origem divina, e esse caráter divino é o selo de autenticidade que o caracteriza.

Os capítulos que descrevem a construção do santuário e de sua mobília põem também em relevo esse aspecto (Ex 35-40). No final, encontramos uma série de fórmulas que mostram a perfeita correspondência entre as ordens divinas e sua execução; por exemplo: "Assim foi concluído todo o serviço da morada da tenda do encontro, depois que os israelitas puseram mãos à obra. Fizeram exatamente o que o SENHOR ordenara a Moisés" (Ex 39,32). "Os filhos de Israel tinham executado todo o serviço de acordo com tudo o que o SENHOR ordenara a Moisés. Moisés viu todo o trabalho que haviam feito. Fizeram exatamente o que o SENHOR ordenara. Moisés então os abençoou" (Ex 39,42-43). Por fim, "Moisés pôs mãos à obra. Fez exatamente o que o SENHOR lhe ordenara" (Ex 40,16; Ex 40,32).

Esse jogo de fórmulas que se encontram, uma no início e outras no fim dessa longa secção, tem por finalidade mostrar (1) que o culto autêntico de Israel é aquele que foi instituído durante o êxodo, ao pé do monte Sinai; (2) que tem a autoridade de Moisés em pessoa; e (3) que Moisés se conformou em tudo ao que Deus lhe havia incumbido de fazer. É isso que explica as longas repetições, até nos mínimos detalhes, entre os capítulos 25–31 e 35–40.

O mundo das leis é, antes, um mundo árido, e isso é especialmente verdadeiro no que se refere aos capítulos que descrevem todo detalhe da construção do santuário e de seus acessórios. As leis do "código da aliança" (Ex 21–23) provêm de um mundo longínquo, mas um estudo atento nos permite descobrir ali uma imagem do direito que o torna mais próximo e mais humano. De fato, ele se ocupa antes de tudo da educação de um povo, pois é um direito que procura mais convencer do que coagir, é por isso que ele contém tão poucas sanções.

Os capítulos sobre o culto oferecem menos atrativo, mas mostram como o povo de Israel levou a sério o serviço de seu Senhor, até nos mínimos detalhes. "Deus se encontra nos detalhes", diz um antigo provérbio alemão. Os capítulos 25–31 e 35–40 do livro do Êxodo são uma esplêndida amostra disso.

5

Quem é o Senhor?

Tema 1

O Deus de Israel é o Deus do Êxodo

Um dos temas principais do livro do Êxodo é a soberania de Yhwh sobre seu povo. Para afirmar essa soberania, o Deus de Israel tem de enfrentar dois adversários: primeiro o faraó, e depois o bezerro de ouro. Além disso, o Deus de Israel liga seu nome para sempre à experiência do êxodo. É por isso que o decálogo, o resumo e fundamento do direito de Israel, começa não por um imperativo, mas por um indicativo: "Eu sou o SENHOR, teu Deus, que te fiz sair da terra do Egito, da casa da servidão" (Ex 20,2). Essa afirmação no indicativo é o princípio que justifica todo o resto da legislação de Israel. É a seu Deus, e unicamente a seu Deus, que o povo deve sua existência, uma existência livre. As exigências do Deus libertador para com seu povo libertado decorrem inteiramente dessa fonte. Em termos mais teológicos, a graça de Deus precede os mandamentos e lhes dá a justificação.

Vale, pois, a pena, me parece, procurar compreender melhor como o Deus de Israel se revela a seu povo e demonstra que ele é realmente seu Senhor. Para fazer isso, convém reler mais atentamente os primeiros quinze capítulos do Êxodo.

"Eu não conheço o Senhor e não quero deixar Israel partir" (Ex 5,2)

O primeiro obstáculo à soberania de Deus sobre seu povo é o faraó, como acabei de lembrar. Por sua ignorância, os faraós são apresentados duas vezes da mesma maneira. Na primeira vez, o faraó da opressão "não havia conhecido José" (Ex 1,8), e na segunda, o faraó do êxodo "não conhece o SENHOR" (cf. Ex 5,2). O primeiro faraó não conhece José, por conseguinte ignora por que razões Israel se encontra no Egito. Essa ignorância causa o pavor, e o pavor, a tirania. É exatamente assim que é preciso explicar as medidas vexatórias desse faraó diante da proliferação dos israelitas. Ele lhes torna a vida impossível por meio de trabalhos massacrantes. Mas há mais. O faraó não apenas se torna culpável por fazer sofrer indevidamente os israelitas. Trata-se também de questão de justiça, e é o que sublinha o texto em Ex 1,13-14: "Os egípcios escravizaram, pois, os filhos de Israel *com brutalidade*, e lhes amarguraram a vida por meio de uma dura servidão, com a fabricação de argamassa e de tijolos, com trabalhos no campo e com todo tipo de servidão que *brutalmente* lhes impunham". A palavra importante é "brutalidade". O faraó da opressão comete um grave delito, que é condenado no mundo bíblico. Com efeito, certas leis proíbem aos patrões de tratar seus escravos com "brutalidade" (Lv 25,43.46.53). E há mais ainda. Um oráculo de Ezequiel (Ez 34,4) condena os "pastores de Israel", isto é, seus soberanos, por haverem tratado os súditos "com violência e brutalidade". O texto do Êxodo aplica, portanto, ao soberano egípcio normas e critérios próprios do mundo bíblico. Isso sugere que existe, ou devia existir, um direito internacional que, nesse caso concreto, defende os fracos contra os abusos dos poderosos. O faraó, portanto, segundo esse texto, comete um delito que exige reparação.

Um segundo elemento de resposta vem também das leis bíblicas. A liberdade de um indivíduo é sagrada. Prender um homem para vendê-lo como escravo é punido com a pena de morte (Ex 21,16; Dt 24,7). O faraó, é claro, não prende os hebreus para os reduzir à escravidão. Ele os priva de sua liberdade e torna sua vida "amarga" (Ex 1,14). Essa parte do texto insiste mais sobre o caráter penoso da nova situação de Israel e sobre o sofrimento que o povo suporta. Não é menos verdade que, para o texto bíblico, privar alguém de sua liberdade é um grave delito.

Em terceiro lugar, é importante ler com atenção o texto de Ex 2,23-25):

²³Ao fim desse longo período, o rei do Egito morreu. Os filhos de Israel gemeram do fundo de sua servidão e clamaram. Do fundo da servidão, o seu clamor subiu até Deus. ²⁴Deus ouviu os seus lamentos e se lembrou de sua aliança com Abraão, Isaac e Jacó. ²⁵Deus viu os filhos de Israel; Deus viu e se apercebeu.

Também esse texto contém uma linguagem jurídica: "Deus viu os Israelitas, e Deus se apercebeu". Não é fácil traduzir o versículo, e alguns pensam inclusive que ele foi abreviado ou que é incompleto. Entretanto, os verbos "ver" e "perceber", que são empregados aqui, se encontram em mais textos para descrever uma descida sobre certos lugares, uma pesquisa e suas conclusões. Por exemplo, Deus dirá, antes de descer a

Sodoma para se aperceber do que lá se passa: "Devo descer para *ver* se [os habitantes de Sodoma] fizeram tudo o que diz o clamor que chegou até mim. Sim ou não, eu o *saberei*" (Gn 18,21). Uma queixa contra os habitantes de Sodoma subiu até Deus, ele ouviu e então ele desce para verificar a coisa, antes de decidir a sorte da cidade.

Encontramos esses três momentos em nosso texto: o clamor dos Israelitas sobe até o Senhor e ele o ouve; Deus então vem verificar se esse clamor tem fundamento; depois, toma sua decisão sobre a questão.

Há um outro elemento importante no texto. Por que Deus age em favor de seu povo? A razão é clara: é em virtude da aliança que ele contraiu com os ancestrais do povo, Abraão, Isaac e Jacó. Deus se lembra dessa aliança e age em conformidade com ela. É ele, de agora em diante, que decide tomar a defesa dos oprimidos com os quais tinha estabelecido um liame privilegiado, uma "aliança".

Deus, portanto, ouviu o grito de apelo de seu povo e tomou uma decisão. Qual é a resposta? Como em muitos outros casos e, estou tentado a dizer, em todos esses casos, a resposta de Deus é alguém: a resposta é Moisés. À queixa de Israel segue a vocação de Moisés (Ex 3,1–4,18).

"Eu te envio ao Faraó. Faze sair do Egito o meu povo" (Ex 3,10)

Este relato contém um dos versículos mais estudados e mais controvertidos de todo o Antigo Testamento, o versículo em que Deus revela seu nome a Moisés. Damos aqui a tradução da TEB (Tradução Ecumênica da Bíblia): "Deus disse a Moisés:

'EU SOU AQUELE QUE SEREI.' E disse: 'Assim falarás aos filhos de Israel: EU SOU me enviou a vós'" (Ex 3,14). Apesar de todas as incertezas, ligadas a uma linguagem muito concisa e sem dúvida voluntariamente enigmática, uma coisa é certa: Deus liga seu nome à libertação do povo de Israel e, portanto, ao sucesso da missão de Moisés.

O relato é longo, mas um detalhe ao menos merece ser mencionado. Deus aparece a Moisés na sarça ardente, Moisés tira as sandálias e cobre o rosto. Em seguida, Deus lhe diz substancialmente o seguinte: "O SENHOR disse: 'Eu vi, vi a opressão de meu povo no Egito e ouvi-o clamar sob os golpes dos chefes de corveia. Sim, eu conheço seus sofrimentos. Desci para libertá-lo da mão dos egípcios e fazê-lo subir desta terra para uma terra boa e vasta, uma terra que mana leite e mel [...]'" (Ex 3,7-8). Deus viu, ouviu e conhece. É isso que ele comunica a Moisés, que tem o rosto coberto por um véu (Ex 3,6). Isso quer dizer que Moisés é convidado a ver o que Deus vê, a ouvir o que Deus ouve e a conhecer o que Deus conhece. De agora em diante, ele vai ver com os olhos de Deus, ouvir com os ouvidos de Deus e conhecer com o coração de Deus, se podemos nos exprimir assim. Em palavras mais simples, Moisés adquire uma sensibilidade nova que lhe abre os olhos sobre a situação intolerável de seu povo e o leva a agir: "Vai, pois! Eu te envio ao faraó. Faze sair do Egito o meu povo, os filhos de Israel" (Ex 3,10).

Essa ação terá um duplo fim. De uma parte, e é o elemento essencial, Deus vai libertar seu povo da escravidão. Em segundo lugar, para fazer isso será necessário convencer o faraó a mudar de política. Não esqueçamos que o faraó de que se trata agora é o sucessor daquele que iniciou a política de opressão e que já morreu (cf. Ex 2,23; 4,19). Ora, esse novo faraó não é mais bem-intencionado que seu predecessor. Deus sabe disso muito bem, por isso faz um plano em previsão da oposição do soberano do Egito: "Mas eu sei que o rei do Egito não vos permitirá partir, a não ser que seja obrigado por uma mão forte. Estenderei, pois, minha mão e golpearei o Egito com todos os milagres que hei de fazer no meio dele. Depois disso, ele vos mandará partir" (Ex 3,19-20). Haverá, portanto, pelo menos três etapas: uma primeira missão que será infrutífera, em seguida uma série de "pragas", e por fim a libertação concedida pelo faraó. É o que vai se desenvolver a partir do capítulo 5, que descreve o fracasso da primeira missão de Moisés e de seu irmão Aarão (1ª etapa); em seguida, a ação é retomada e assistimos à série das pragas do Egito, dez no total segundo o texto atual (Ex 6–12; 2ª etapa); e, por fim, após a décima praga, o faraó deixa Israel partir (Ex 12; 3ª etapa).

A recusa do faraó e a resposta de Deus

A trama do relato parece estar toda traçada, mas não é bem assim. Dois elementos importantes vêm se juntar a esse primeiro projeto. Antes de tudo, assim que Moisés vai ao faraó pela primeira vez com seu irmão Aarão (Ex 5), o soberano se mostra mais que recalcitrante. Ele se recusa categoricamente a deixar os escravos hebreus partirem e, além disso, torna seu trabalho ainda mais penoso, pois, de agora em diante, deverão procurar por si mesmos a palha para fabricar os tijolos (Ex 5,6-9). Mas o mais importante é a razão que ele invoca: "O faraó responde: 'Quem é o SENHOR para que eu escute sua voz e deixe partir Israel? Não conheço o SENHOR e não quero deixar Israel partir'" (Ex 5,2). A situação se agrava. De fato, será preciso não somente pôr fim a uma situação penosa e profundamente injusta. Antes, será preciso também convencer o faraó de que o Deus de quem Moisés fala é de fato o Senhor. À ignorância do faraó da opressão, que não conhecia José (Ex 1,8), se acrescenta esta, mais séria, de seu sucessor, que não conhece o Deus de Israel que acabou de revelar seu nome a Moisés (Ex 3,14). Vamos assistir, portanto, a uma dupla luta. De uma parte, Deus vai mudar radicalmente a situação de seu povo, pois vai libertá-lo da escravidão e, além disso, Deus vai ter de se "tornar conhecido", quer dizer, revelar seu poder ao faraó.

É justamente o que vai acontecer quando se derem as pragas do Egito. Pode-se ler esses capítulos como uma série de castigos infligidos a um faraó de má vontade. Mas a maior parte das pragas do Egito tem por fim "tornar conhecido o Senhor" àquele que pretende ignorá-lo. É o que Deus diz a Moisés num discurso-programa que precede e introduz toda a seção das pragas do Egito (Ex 7,1-5): "Então os egípcios conhecerão que eu sou o SENHOR, quando estender minha mão contra o Egito; e farei sair do meio deles os filhos de Israel" (Ex 7,5). Essa "fórmula de reconhecimento" será repetida diversas vezes, sob diferentes formas, no curso do relato das pragas e mesmo no da passagem do mar (Ex 7,17; 8,8.18; 9,14; ver também 10,2; 14,4.18). O Deus de Israel não procura apenas convencer o faraó a libertar o povo oprimido; ele quer também que o faraó reconheça a quem ele deve obedecer e por que razões.

Os "sinais e prodígios" e o julgamento final

O segundo elemento importante do relato das pragas se encontra também no discurso-programa de Ex 7,1-5. As pragas do Egito são apresentadas como "sinais e prodígios", mais do que como castigos ou sanções: "Multiplicarei meus sinais e prodígios na terra do Egito" (Ex 7,3). Tratam-se de sinais que anunciam o julgamento futuro e servem, portanto, para advertir que Deus vai em breve agir de maneira decisiva. Esses "sinais e prodígios" são avisos, mas, como sabemos, o faraó não fará caso disso e o julgamento se tornará inevitável. As duas etapas aparecem como bem distintas no discurso divino de Ex 7,3-4:

> ³Multiplicarei meus sinais e prodígios na terra do Egito, mas o faraó não vos ouvirá. ⁴Estenderei minha mão contra o Egito e com autoridade farei sair meus exércitos, meu povo, os filhos de Israel, para fora da terra do Egito.

Os termos "com autoridade" seguem aos "sinais e prodígios" que Deus infligirá ao Egito. O fim dos "sinais e prodígios" está bem assinalado pelo texto de Ex 11,9-10, após a décima praga e justamente antes da morte dos primogênitos:

> ¹⁰Moisés e Aarão haviam realizado todos esses *prodígios* diante do faraó, mas o Senhor tinha endurecido o coração do faraó, que não deixou os filhos de Israel partirem da terra dele.

Ainda uma coisa que devemos saber: quando Deus vai julgar definitivamente o faraó e os egípcios? Na realidade, o relato propõe duas soluções, que no estado atual do livro do Êxodo formam uma dupla conclusão.

Uma primeira sentença é proferida no capítulo 12, por ocasião da décima praga, a da morte dos primogênitos do Egito. Com efeito, é depois dessa décima intervenção divina que o faraó permite ao povo de Israel deixar o Egito (Ex 12,31-34.37-42.51). É exatamente o que Deus tinha prometido a Moisés quando lhe havia dito, logo após o fracasso de sua primeira missão: "Agora verás o que vou fazer ao faraó: forçado por mão forte, deixá-los-á [os israelitas] partir; forçado por mão forte, expulsá-los-á de sua terra!" (Ex 6,1). E ele anuncia que esse momento chegou justamente antes da décima praga: "Farei vir uma última praga sobre o faraó e sobre o Egito. Depois disso, ele vos deixará partir, e não só vos deixará partir, como também vos expulsará definitivamente daqui" (Ex 11,1).

Mas, como sabemos, o faraó vai mudar de ideia três dias depois e vai partir com um exército formidável de carros e cavalos para alcançar o povo que caminha no deserto (Ex 14,5-9). Também desta vez, Deus intervirá, e todo o exército do faraó será engolido pelo mar (Ex 14,27-28). Deus, o Senhor, tinha comunicado a Moisés que os egípcios "conheceriam quem é o Senhor" (Ex 14,4.18). Quando as águas sobrevêm e pegam de surpresa os egípcios que tentam fugir, eles exclamam: "Fujamos para longe de Israel, pois é o SENHOR que combate por eles contra o Egito!" (Ex 14,25). Os egípcios dizem bem que "é o SENHOR [Yhwh] que combate por Israel contra o Egito" e não um deus egípcio como Amon ou Rá, Thot ou Seth. Temos, pois, a resposta à questão que o faraó colocava alguns capítulos antes: "Quem é o SENHOR?" (Ex 5,2) e para a qual Deus havia prometido pouco depois uma resposta: "Então os egípcios conhecerão que eu sou o SENHOR, quando eu estender minha mão contra o Egito; e fizer sair do meio deles os filhos de Israel" (Ex 7,5).

Agora sim, Deus não somente conseguiu libertar seu povo da servidão; conseguiu também revelar seu poder ao faraó e aos egípcios. Agora, ele pode ser cantado por Moisés, seguido por Míriam e pelas mulheres de Israel, acompanhadas por todo o povo (Ex 15,1-21). Esse canto de vitória contém uma das mais importantes afirmações de todo esse relato, e o diz de maneira muito apropriada: "O SENHOR reina para todo o sempre!" (Ex 15,18).

Os quinze primeiros capítulos do Êxodo começam por uma descrição da opressão de Israel no Egito, que obriga o povo a viver sob uma dura escravidão, e terminam por um canto de vitória à beira-mar, no deserto. Indubitavelmente, o Deus de Israel venceu o faraó, e sobretudo o convenceu da soberania divina sobre a natureza e a criação, ainda mostrou que nem mesmo um faraó pode impunemente violar as regras mais elementares da justiça.

6

O endurecimento do coração e as pragas do Egito

Tema 2

"Eu, porém, endurecerei o coração [do faraó] e ele não deixará partir o povo" (Ex 4,21). É a primeira vez que o leitor encontra esse tema no livro do Êxodo. O próprio Deus dá a conhecer essa estranha estratégia a Moisés, que parte para o Egito após a cena da sarça ardente. Para o leitor moderno, o próprio Deus é, portanto, responsável pela recusa do faraó. Por que não agir antes ao contrário e fazer com que o faraó deixe partir o povo? Isso seria mais lógico, pelo menos à primeira vista. Ainda mais que Deus acaba de convencer Moisés a ir pedir ao faraó para libertar o povo da escravidão. Ele envia Moisés diretamente ao fracasso, e o diz a Moisés sem mais delongas. Isso não é muito "legal", diríamos nós em termos bem simples. Como entender isso?

"O coração tem razões que a razão não conhece" (Blaise Pascal)

Dois elementos são indispensáveis para compreender bem essa maneira de falar. Em primeiro lugar, é bom saber que na Bíblia o "coração" é a sede da inteligência, da compreensão e das decisões. Se a gente vê com os olhos e ouve com os ouvidos, a gente compreende com o coração. É o que diz, por exemplo, o texto de Dt 29,3: "Entretanto, até hoje o SENHOR não vos deu um coração para reconhecer, nem olhos para ver, nem ouvidos para escutar". Blaise Pascal (1623-1662), ao dizer em sua obra *Pensées* [Pensamentos]: "O coração tem razões que a razão não conhece", se mostra um herdeiro do pensamento bíblico, pois ele foi um leitor assíduo da Escritura. O coração compreende, mas trata-se de uma compreensão mais ampla e mais completa do que simples inteligência abstrata. Trata-se de um compreender no sentido que têm, por exemplo, as palavras quando falamos de "saber-viver" ou de "saber-fazer".

Isso é importante, porque se trata de uma luta que acontece no terreno da compreensão e não no terreno de uma luta entre forças do mesmo tipo. Não é a força que vencerá, mas a razão, a inteligência. Deus vai triunfar sobre o faraó, sabemo-lo bem, mas será o triunfo da razão e da justiça. Deus não triunfa porque é o mais forte, mas sobretudo porque é ele que tem a razão. A luta será árdua, pois como diz Jeremias (Jr 17,9-10):

> [9]Os pensamentos [lit. o coração] são sinuosos, mais do que qualquer outra coisa, incorrigíveis; quem pode conhecê-los? [10]Eu, o SENHOR, que sondo os pensamentos [lit. o coração], examino os sentimentos [lit. os rins], e retribuo a cada um conforme sua conduta, de acordo com o fruto de seus atos.

O relato das pragas do Egito nos oferece a prova disso: só Deus consegue penetrar no coração, mesmo no do poderoso faraó do Egito, e consegue fazê-lo reagir justamente no momento em que ele se encaminha para a própria perda.

Um mundo teocêntrico

Em segundo lugar, é necessário não esquecer que há uma diferença essencial entre nosso modo de pensar e o do Próximo Oriente antigo. Nosso modo é antropocêntrico, centrado sobre a pessoa humana, sobre suas faculdades, seus direitos e sobretudo sobre sua liberdade. O mundo bíblico, que faz parte do Oriente antigo, é muito mais teocêntrico. Os autores bíblicos, em particular os autores do livro do Êxodo, não estão preocupados em saber se o faraó era livre e responsável; antes de tudo, procuram, demonstrar que o poder de Deus se estende inclusive sobre o Egito. Em outras palavras, o faraó nada pode decidir sem que Deus esteja ao par dessas decisões e que as controle. Deus controla também as decisões daquele que se lhe opõe. Nada pode escapar ao poder do Deus de Israel, nem mesmo as decisões mais pessoais do maior soberano da época. Com efeito, na Bíblia o faraó do Egito representa o máximo do poder humano. Ele é o mais poderoso soberano de toda a terra. Porém, como quer mostrar o relato das pragas do Egito, não é o dono absoluto, nem mesmo em seu próprio país, o Egito.

Para o dizer com palavras muito simples: todas as decisões do faraó são consequências das decisões divinas. O faraó reage; nunca tem a iniciativa. "Endurecer o coração" significa, nesse contexto, "obrigar a reagir", "forçar a responder", "provocar", "suscitar uma resposta", mesmo se essa resposta for negativa.

A palavra de Deus sempre é eficaz

Acrescentemos um elemento suplementar ao que acabamos de dizer. No mundo bíblico, a palavra de Deus é sempre eficaz, mesmo naqueles que a recusam. É o que afirma um oráculo do livro de Isaías (Is 55,10-11):

> ¹⁰Pois, como desce a chuva ou a neve do alto dos céus, não voltando para lá sem ter saturado a terra, sem tê-la feito dar à luz e deitar botões, sem ter dado semente ao semeador e alimento ao que come, ¹¹assim se comporta a minha palavra, desde que sai da minha boca: ela não volta para mim sem resultado, sem ter executado o que me agrada e coroado de êxito aquilo para que eu a enviara.

A palavra de Deus tem, portanto, sempre um efeito, e se assim não fosse, a onipotência de Deus seria imediatamente questionada. Mas qual pode ser seu efeito quando encontra recusa ou oposição? É isso que procura exprimir a linguagem do endurecimento do coração: essa própria reação é provocada pela palavra de Deus. Não se trata jamais de uma iniciativa humana; trata-se sempre da recusa *de*, da oposição *a*; recusa de uma palavra, oposição a uma palavra que vem de outrem e que não pode deixar alguém indiferente. É precisamente isso que afirmam os textos bíblicos: a palavra de Deus é *sempre* eficaz, e ninguém, nem o faraó do Êxodo, não pode não ter isso em conta. As consequências da resposta, positiva ou negativa, são muito diferentes para cada um. Mas os relatos do livro do Êxodo, assim como outras páginas da Bíblia, insistem antes de tudo sobre a eficácia dessa palavra, que não pode ser ignorada ou considerada algo negligenciável.

O poder do faraó é absoluto ou limitado?

Voltemos às pragas do Egito e ao efeito delas sobre o faraó. Qual é seu objetivo concreto? O que querem mostrar esses "sinais e prodígios"? Na realidade, a maior parte das pragas do Egito descrevem fenômenos naturais. A água mudada em sangue é um fato conhecido, pois quando sobrevém a cheia anual do Nilo, que corresponde à estação das chuvas na África central, as águas carregadas de limo tomam uma coloração vermelha. As rãs, os insetos, as pestes nos animais são outros tantos fenômenos conhecidos no Egito, assim como os gafanhotos. O granizo é mais raro no Egito, mas não em Israel, e talvez é por isso que ele é descrito mais detalhadamente. As tempestades de areia são provocadas pelo vento do deserto, o siroco ou *khamsin*, e afundam o país na escuridão. A morte dos primogênitos é o único relato que se pode chamar de "praga" no sentido estrito (Ex 11,1). É de notar que o relato atual foi sem dúvida ampliado. De fato, a primeira vez em que se faz alusão a essa praga, somente se trata do filho primogênito do faraó. Deus se dirige a Moisés e lhe diz: "Dirás ao faraó: 'Assim fala o SENHOR: Meu filho primogênito é Israel. Eu te digo: Deixa partir meu filho para que me sirva. E tu, no entanto, te recusas a deixá-lo partir! Pois eu vou matar teu filho primogênito'" (Ex 4,22-23). É certo que a morte do filho mais velho de um faraó, herdeiro do trono, era considerada uma catástrofe nacional. Por isso é provável que a tradição popular tenha falado da morte de todos os primogênitos do Egito, e mesmo dos primogênitos dos animais, sem dúvida em ligação com o sacrifício dos primogênitos do gado (Ex 12,29; Ex 13,1). Esses "sinais e prodígios" têm como primeiro fim, conforme já vimos, "tornar conhecido" ao faraó e aos egípcios quem é o Senhor (Ex 7,5). O faraó, em particular, aprenderá às próprias custas que seu poder é limitado, pois ele não pode mandar na natureza. Há no Egito um poder superior ao dele, aquele que ordena ao vento, às nuvens, aos insetos e aos rios. É em nome desse poder superior que Moisés pede para o faraó libertar o povo de Israel, pois também nisso seu poder é limitado e ele não tem o direito de privar esse povo de sua liberdade.

A elaboração do relato das pragas do Egito

O relato das pragas é uma compilação, e já demos um exemplo disso. Dito isso, o relato atual tem uma visível coerência. Ao que parece, ele foi composto com muito cuidado, o que também os rabinos já tinham notado. Notamos claramente uma série de nove "sinais e prodígios"; sendo o décimo bem diferente dos outros.

As nove pragas podem ser facilmente agrupadas em três séries de três pragas, 1-2-3, 4-5-6, 7-8-9. A primeira de cada série (1-4-7) começa sempre da mesma maneira: Moisés vai ao encontro do faraó de manhã à beira da água, isto é, às margens do Nilo (Ex 7,15; 8,16; 9,13). A segunda série (2-5-8) começa de outro modo: Moisés simplesmente deve ir ao encontro do faraó para lhe comunicar a mensagem divina (Ex 7,26; 9,1; 10,1). Por fim, na terceira série (3-6-9) não há encontro anterior com o faraó (Ex 8,12; 9,8; 10,21).

Outros elementos mostram certa progressão de uma praga ou de um prodígio a outro. Os mágicos, por exemplo, conseguem mudar a água em sangue (1: Ex 7,12); depois, fazer subir rãs sobre a terra do Egito (2: Ex 8,7); mas não chegam a fazer aparecer moscas (3: Ex 8,14). Enfim, por ocasião da sexta praga, eles mesmos são atingidos pelas úlceras e não podem se mostrar ao faraó (6: Ex 9,11).

No que diz respeito ao endurecimento do coração, também há uma progressão bem clara. O faraó endurece seu coração por ocasião das duas primeiras pragas (Ex 7,22; 8,11) ou seu coração se endurece na terceira praga (Ex 8,15). Na segunda série, o faraó endurece seu coração (4: Ex 8,28), seu coração se endurece ou se entorpece (5: Ex 9,7), mas é Deus que endurece o coração do faraó na sexta e última praga da série (6: Ex 9,15). Por ocasião da última série, o faraó e seus servos endurecem e entorpecem seu coração no fim da sétima praga (7: Ex 9,34.35). Mas é Deus que endurece na oitava e na nona praga (8: Ex 10,20; 9: Ex 10,27). Em duas palavras, Deus não endurece o coração do faraó na primeira série; ele o faz uma vez na sexta e última praga da segunda série, e o faz duas vezes, na segunda e na terceira praga da terceira série: 0–1–2.

No mesmo sentido, Moisés está em companhia de Aarão (e com seu bastão que lhe permite desencadear a praga) nas três pragas da primeira série (1–2–3); Moisés está acompanhado por seu irmão Aarão na quarta e na sexta praga da segunda série (4–6), mas Aarão é mais um figurante do que um ator. O leitor os reencontra juntos na sétima e na oitava praga da terceira série (7–8), e dessa vez Aarão está simplesmente ao lado de Moisés para escutar o discurso do faraó (Ex 9,27; 10,16). Enfim, Aarão não é mais mencionado na nona e última praga da terceira série, a praga das trevas.

O faraó faz cada vez mais concessões, mas sem permitir ao povo que parta antes da décima e última praga. Moisés pediu ao faraó permissão para irem oferecer um sacrifício a três dias de marcha no deserto (Ex 3,18; 5,1.3). O faraó concede, sim, que o povo ofereça um sacrifício, mas dentro do Egito (Ex 8,21), quando acontece a quarta praga, a dos insetos. Por ocasião da oitava praga, ele negocia, mas não permite que saiam as mulheres e crianças (Ex 10,8-11). Enfim, na nona praga, o faraó está disposto a deixar partirem também as mulheres e crianças, mas exige que o gado, o pequeno e o grande, fique no Egito (Ex 11,24-26). Por último, derradeiro elemento de certa importância, o faraó reconhece sua falta duas vezes na terceira série de pragas. Depois de ter constatado todos os prejuízos causados pelo granizo (sétima praga), o faraó se reconhece culpável diante do Senhor, Deus de Israel (Ex 9,27-28), mas assim que o flagelo cessa, "continuou a pecar" (Ex 9,34). Ele repete a mesma confissão de seu pecado após a praga seguinte, a oitava, a dos gafanhotos (Ex 10,16-17), para esquecer em seguida o que acaba de dizer, quando os gafanhotos desaparecem (Ex 10,19-20).

Há, portanto, uma progressão e, após ter percorrido esses capítulos, o leitor pode estar convencido de que o faraó tinha recebido todas as advertências requeridas. Deus, por intermédio de Moisés e Aarão, lhe tinha dado todo o tempo para compreender e todos os argumentos para se convencer. Era difícil fazer mais.

	Encontro de manhã, junto ao rio	Encontro no palácio do faraó	Sem encontro
1ª série	1. Ex 7,14-24: água mudada em sangue	2. Ex 7,25-8,11: as rãs	3. Ex 8,12-15: os mosquitos
2ª série	4. Ex 8,16-28: os insetos	5. Ex 9,1-7: a peste dos animais	6. Ex 9,8-12: as úlceras
3ª série	7. Ex 9,13-35: o granizo	8. Ex 10,1-20: os gafanhotos	9. Ex 9,21-29: as trevas

O endurecimento do coração continua sendo um assunto difícil. Se, entretanto, o interpretamos em função da mentalidade bíblica, ele adquire um novo sentido. O principal problema é saber se o Deus de Israel pode se fazer entendido pelo soberano mais poderoso da época e se este pode agir em total independência, sem se preocupar de modo algum com o Deus de Israel e suas exigências: "Mas eis por que te conservei: para te fazer ver a minha força e para que se publique o meu nome por toda a terra", diz Deus ao faraó pela boca de Moisés (Ex 9,16). Nada escapa ao poder e à influência do Deus de Israel.

Alguns traços particulares do relato das pragas

O que acabamos de dizer foi a intenção primeira das pragas do Egito, como também do endurecimento do coração. Isso nos permite também explicar, em último lugar e como corolário, um traço típico desses relatos, o que já tinha chamado a atenção dos rabinos. Cada relato de praga tem sua unidade e vimos que há elementos de progressão. Além disso, outros elementos criam uma certa tensão que, contudo, desaparece se o leitor reconhece a cada relato sua coerência e seu lugar no conjunto. Eis um exemplo convincente. Por ocasião da peste do gado, se diz que "todos os rebanhos dos egípcios morreram, mas dos rebanhos dos filhos de Israel, não morreu uma só cabeça" (Ex 9,6). Não houve mais, portanto, gado na terra dos egípcios. Porém, por ocasião da seguinte praga, a sexta (Ex 9,8-12) nos é dito que úlceras cobriram pessoas e *animais* (Ex 9,10). Portanto, ficou ainda gado, se cremos nesse texto. Vem o granizo (sétima praga; Ex 9,13-35) e, de novo, ele atinge "pessoas e *animais*" (Ex 9,25). Os pobres animais não terminam de morrer! Mas isso ainda não acabou. Quando acontece a última praga, a décima, não morre somente o primogênito do faraó, mas morrem também todos os primogênitos dos egípcios e *até os primogênitos dos animais* (Ex 11,5; 12,19). Finalmente, quando o faraó decide perseguir os israelitas que fugiram para o deserto, não faltam cavalos em suas cavalariças. Eles, portanto, escaparam em todas as pragas que atingiram os animais até aqui (Ex 14,6-7.9).

Lembremos outro exemplo, muitas vezes citado. Por ocasião da primeira praga, a da água mudada em sangue, se diz que todas as águas do Egito deviam ser mudadas em sangue, e assim se fez (Ex 7,19; Ex 7,21b). Mas então, onde os mágicos do Egito encontraram água para realizar o mesmo prodígio (Ex 7,22)?

Tudo isso mostra que a lógica e a coerência desses relatos são limitadas em grande parte à narrativa singular. Essa observação reforça ainda mais, se preciso for, o fato de que é necessário procurar a mensagem na linha geral do relato. A mensagem está na música e não nas notas separadas da melodia.

7

A sarça ardente e a fenda da rocha: Deus e Moisés

Tema 3

O mestre de obras do êxodo é seguramente Moisés. É difícil imaginar o êxodo sem Moisés, e é exatamente o que nos diz o profeta Oseias: "Mas, por intermédio de um profeta, o SENHOR fez Israel subir do Egito; por meio de um profeta Israel foi guardado" (Os 12,14). Esse profeta, claro, é Moisés. A narração de seu nascimento sugere que ele viveu sua infância e sua juventude na corte do faraó, adotado e educado pela filha do faraó. Sua verdadeira carreira, entretanto, começa por sua vocação, contada nos capítulos 3 e 4 do livro do Êxodo, um texto muitas vezes comentado e meditado, que inspirou por sua vez muitos ícones e pinturas. Mas Moisés também é conhecido por outro encontro com Deus, sobre o monte Sinai, onde passa duas vezes quarenta dias e quarenta noites (Ex 25,18; 34,28). Entre essas duas permanências no Sinai, situa-se outra memorável cena que foi longamente comentada por numerosos místicos, desde Gregório de Nissa (335-394) em sua *Vida de Moisés*. Trata-se do momento em que Moisés pede a Deus que lhe permita contemplar sua face, e Deus lhe concede contemplá-lo, não pela sua face, mas pelas costas (33,18-23; 34,5-9). Esses dois encontros com Deus são decisivos. O primeiro, porque coincide com o início da missão de Moisés junto ao faraó; o segundo, porque se segue à crise do bezerro de ouro (Ex 32) e porque essa visão sela a reconciliação de Deus com seu povo, obtida após a intercessão de Moisés. Não teria havido Êxodo sem a cena da sarça ardente, e a aventura de Israel no deserto teria acabado se Moisés não tivesse intercedido pelo povo e não tivesse recebido a aparição divina de que se trata nos capítulos 33 e 34 do Êxodo. Vale, portanto, a pena que nos interroguemos brevemente sobre a importância dessas duas cenas e sobre a face que Deus aí revela a seu fiel servidor.

Uma vocação e muitas objeções (Ex 3,1–4,18)

A longa cena que descreve a vocação de Moisés começa pela visão da sarça ardente (Ex 3,1-6), que termina com a missão de Moisés no momento em que Deus lhe diz: "Vai, pois! Eu te envio ao faraó. Faze sair do Egito o meu povo, os filhos de Israel" (Ex 3,10; Ex 3,16; 4,12). "Vai!", mas é preciso esperar o versículo 18 do capítulo 4 antes de ler que Moisés executa a ordem divina: "Moisés pôs-se a caminho. Voltou para junto de Jetro, seu sogro, e lhe disse: 'Devo ir embora e voltar aos meus irmãos no Egito, para ver se ainda vivem' [Preferimos Jetro onde a TEB traz Iitrô. (N. do T.)]. Jetro disse a Moisés: 'Vai em paz!'" (Ex 4,18). Nesse intervalo de tempo, Moisés tinha feito de tudo para se esquivar dessa missão que ele julgava difícil, e mesmo impossível.

Podemos contar até cinco objeções de Moisés, e a quinta é antes, uma recusa do que uma objeção. Eis a primeira: "Quem sou eu para ir ao faraó e fazer sair do Egito os filhos de Israel?" (Ex 3,11). Como outros personagens, entre eles o juiz Guideon

(Jz 6,15), Moisés não se sente talhado para realizar semelhante tarefa. Para isso, é necessário alguém que tenha sido criado de outro modo ou que tenha sido diferentemente qualificado. A segunda objeção é de outra natureza. Moisés deseja saber qual é o nome de Deus. Essa questão sobre a identidade de Deus parece estar deslocada, pois Deus acaba de se revelar a Moisés quando diz: "Eu sou o Deus de teu pai, Deus de Abraão, Deus de Isaac, Deus de Jacó" (Ex 3,6). Por isso, essa objeção deve ser compreendida no contexto mais amplo da narração. O Deus do êxodo não é mais simplesmente o Deus dos antepassados. Ele se torna o Deus de um povo e é por essa razão que o relato introduz o questionamento de Moisés. Em termos mais modernos, diríamos que passamos do Deus de uma família ao Deus de uma nação. Deus, portanto, revela um outro nome ou um outro aspecto de sua ação. O relato insistirá muito, em diversas repetições, sobre a identidade entre o Deus dos patriarcas e o Deus do êxodo, sem, contudo, eliminar as diferenças. Há continuidade e evolução, não substituição. A questão expressa por Moisés lembra outras do mesmo tipo, feitas por Jacó ao adversário desconhecido que o assaltou junto à torrente do Jaboq (Gn 32,30), ou aquela de Manoah, o futuro pai de Sansão, ao anjo do Senhor que lhe vem anunciar o nascimento de um filho (Jz 13,17-18). É de notar que nessas duas circunstâncias a questão continua sem uma verdadeira resposta. No relato do êxodo, a resposta que Deus dá a Moisés continua no mínimo enigmática. Voltaremos a esse ponto.

A terceira objeção é de ordem mais prática. Moisés pede a Deus sinais para convencer o povo de que de fato ele foi enviado por uma instância superior e, por conseguinte, que ele não age por própria iniciativa. Deus então explica a Moisés quais são os sinais que lhe permitirão provar a autenticidade de sua missão: o bastão transformado em serpente, a mão leprosa e a água mudada em sangue. Esses sinais manifestam o poder de Deus sobre a criação e sobre a saúde (Ex 4,1-9). O futuro juiz Guideon também pedirá um sinal para ser confirmado em sua missão, que consiste em libertar seu país das invasões dos midianitas (Jz 6,36-40). Pode-se também pensar nos sinais que vão confirmar Saul em sua nova tarefa de rei de Israel (1Sm 10,1-9).

A quarta objeção é mais séria. Moisés afirma que não consegue falar (Ex 4,10). O profeta Jeremias faz a mesma objeção quando é chamado por Deus (Jr 1,6). Desta vez, Deus responde que é ele, Deus, que faz ver, entender e falar. Ele ensinará, portanto, a Moisés o que deverá dizer (Ex 4,10-12).

A última objeção de Moisés é antes uma recusa. De fato, Moisés desiste sem mais da missão, dizendo: "Por favor, SENHOR, envia qualquer outro que queiras enviar!" (Ex 4,13). Desta vez, Deus perde a paciência, se encoleriza e propõe que Aarão, irmão de Moisés, lhe sirva de porta-voz (Ex 4,14-17).

É bastante evidente que as objeções de Moisés retomam e resumem todas ou quase todas as objeções presentes em outros relatos de vocação ou de missão. Moisés torna-se o exemplo de todos os enviados de Deus. Mas por que tantas objeções? Um profeta não se deve mostrar dócil e obedecer imediatamente a seu Senhor e mestre? O maior dos profetas não deveria dar o exemplo de obediência? Ora, dá-se aqui, antes, o contrário.

Como responder a isso? A meu ver, a maneira mais simples é colocarmo-nos na perspectiva exata. Esse relato não foi construído para edificar ou para dar um bom exemplo de docilidade a um apelo divino. Ele não faz parte de uma "vida de santo", para o dizer em outras palavras. Trata-se de mostrar que Moisés, tornado o personagem central da fé e da religião do povo de Israel, não roubou seu lugar. Ele não obteve o papel que exerce agora por ambição ou interesse, nem sequer por um golpe de sorte. O relato quer apresentá-lo limpo de qualquer acusação desse tipo, mostrando que tudo fez para se esquivar dessa tarefa. Em outros termos, se Moisés se tornou o gigante que conhecemos, é por outra força, não pela dele; é por vontade de um outro, não por sua própria. "Eu estou contigo", lhe diz Deus em Ex 3,12, e "Eu estou com a tua boca", em Ex 4,12. Portanto, quando Moisés fala, é Deus que fala. E quando Moisés age, é Deus que age. Deus o diz no livro dos Números, e eu traduzi literalmente: "[Com Moisés] eu falo de boca em boca" (Nm 12,8). As palavras que saem da boca de Moisés são, portanto, as palavras que saem da boca de Deus. E o livro do Deuteronômio insiste sobre o outro aspecto: "[É a Moisés] que o SENHOR enviara para cumprir todos esses sinais e todos esses prodígios na terra do Egito, diante do faraó, diante de todos os seus servos e de toda a sua terra" (Dt 34,11). O êxodo é obra de Deus, mas seu único instrumento é Moisés.

Mas por que insistir tanto? Para nós, é difícil contestar o lugar ocupado por Moisés na Bíblia, como também em toda a vida de Israel e dos cristãos. Isso significa também que o êxodo é o evento central da fé de Israel, e que ele continua fundamental para os cristãos. Quem contesta isso? Ou, antes, quem o contestou? Em verdade, foi necessário certo tempo para que Moisés e o êxodo estivessem no lugar que ocupam hoje. Durante muito tempo, Israel e Judá formavam dois reinos; depois o reino do Norte desapareceu em 722 a.C. e o reino de Judá também desapareceu em 587-586 a.C. Depois disso, muitos sonharam em restaurar esses reinos, sobretudo o reino do sul, de Judá. A esperança na vinda de um messias, filho de Davi, está bem presente no Novo Testamento. Todos sabemos que essa esperança tomava várias formas e que ela continha também não poucos elementos bastante ambíguos. Como definir Israel? Essa era toda a questão. É a partir do exílio na Babilônia e das reflexões sobre o que é essencial e o que não o é, que a figura de Moisés emergiu como a figura do "salvador" do povo, daquele que encarna uma identidade à prova do tempo e que poderá resistir a todas as crises, como a perda do território e o fim da monarquia. É Moisés, e não um rei ou um simples sábio, que detém a chave da história de Israel. Tampouco se deve colocar a esperança num "messias" guerreiro e revolucionário. Daí a importância de insistir sobre a autenticidade da vocação de Moisés.

"Eu estou contigo" (Ex 3,12; 4,12)

Então, quem é o Deus que se revela a Moisés? A questão é muito discutida e cada ano aparecem diversos artigos sobre o assunto. Podemos dizer sem qualquer dúvida que Ex 3,14 é um dos versículos mais discutidos e mais comentados de toda a Bíblia. Sem entrar mais profundamente nesse debate, parece-me importante destacar dois elementos essenciais para a interpretação desse texto, aliás muito denso.

Diríamos que Deus dissimula e ao mesmo tempo revela sua identidade. Com efeito, entre os antigos, conhecer o nome de uma divindade podia significar adquirir certo poder sobre essa divindade. É difícil imaginar que esse pudesse ser o caso em nosso texto. Com certeza, várias traduções desse célebre versículo são possíveis. Por exemplo, "Eu sou aquele que é"

(Bíblia de Jerusalém), "Eu sou aquele que serei" (Tradução Ecumênica da Bíblia) ou: "Eu sou aquele que sou" (Bíblia de Segond). Em todo caso, essa forma se aproxima bastante daquela que Moisés empregará um pouco adiante quando diz: "Envia a dizê-lo qualquer outro que queiras enviar!", "Envia por isso [a mensagem] por aquele que tu enviares!" (Ex 4,13; cf. acima; ver ainda Ex 16,23; 1Sm 23,13; 2Sm 15,20; 2Rs 8,1). Outro exemplo muito claro, segundo os especialistas, é Ex 33,19: "Concedo minha benevolência a quem concedo benevolência e faço misericórdia a quem faço misericórdia".

Em outras palavras, a frase pode muito bem querer dizer "Eu sou aquele que sou e nenhum outro", uma tautologia que equivale a uma espécie de ocultamento. Aliás, é por isso que o texto corrige bem depressa, e por duas vezes, essa primeira impressão, acrescentando: "E [Deus] disse: 'Assim falarás aos filhos de Israel: EU SOU me enviou a vós.' Deus disse ainda a Moisés: 'Falarás assim aos filhos de Israel: O SENHOR, Deus de vossos pais, o Deus de Abraão, Deus de Isaac, Deus de Jacó, enviou-me a vós. É este o meu nome para sempre. É assim que me invocarão em todos os tempos.'" (Ex 3,14-15).

O texto insiste, sobretudo no v. 15, sobre a identidade entre o Deus dos patriarcas e o Deus do êxodo. Isso nos permite vir ao segundo ponto importante: há, portanto, continuidade entre o passado e o presente, entre o presente e o futuro. O Deus que aparece a Moisés é o Deus de uma história, uma história passada que se prolonga no presente e no futuro, uma história que Deus vive "com seu povo" e "para seu povo". Em palavras mais simples, o nome de Deus é uma história, e é a história de Israel. Essa história é uma narrativa de libertação da escravidão e de experiência da liberdade. O Deus do êxodo é, pois, um Deus cujo nome é sinônimo de libertação ou, melhor ainda, de processo de libertação de toda forma de escravidão. Insistimos nesse aspecto na Introdução. Ele será sublinhado por São Paulo na epístola aos Romanos: "Vós não recebestes um espírito que vos torne escravos e vos reconduza ao medo, mas um Espírito que faz de vós filhos adotivos e pelo qual nós clamamos: *Abbá*, Pai" (Rm 8,15). Com isso, podemos ver qual o aspecto dessa teologia será desenvolvido na segunda importante revelação do nome de Deus, após a crise do bezerro de ouro.

"Eu passarei diante de ti e tu me verás pelas costas" (Ex 33,22-23)

Os capítulos 32 a 34 são bastante complexos e solicitariam longas explicações. Contentar-me-ei com alguns elementos essenciais para uma primeira leitura. Depois do pecado do povo, adorando o bezerro de ouro, o que na realidade era procurar um deus mais próximo a seus interesses e a suas inclinações, é necessária toda a arte e diplomacia de Moisés para convencer a Deus de se reconciliar com seu povo e retomar a condução das operações. Moisés se mantém "em pé, na brecha" (cf. Sl 106,23), durante quase três capítulos, para obter o perdão de Deus. Nestas páginas aparece claramente uma longa reflexão sobre o problema de um relacionamento com Deus sempre infringido pela instabilidade e infidelidade do povo. É possível ser o povo de um Deus tão exigente como o Deus do êxodo? Quem poderá "consertar os potes quebrados", após a catástrofe? E como fazer isso? É o fruto de todas essas reflexões que encontramos aqui.

Certamente Israel pode conservar a esperança, mas ele a deve em primeiríssimo lugar a Moisés. Dito com toda a clareza, a herança de Moisés é que permitirá a Israel sair de suas crises, passadas e futuras. A herança que deixou é sem dúvida a Lei de Moisés, mas também uma série de instituições e um modo de vida, aquele que ele inculcou no povo durante os quarenta anos no deserto. Duas frases do Deuteronômio podem resumir essa herança (Dt 8,2-3):

> ²Lembrar-te-ás de todo o caminho que o SENHOR, teu Deus, te fez percorrer durante quarenta anos no deserto, para que experimentasses a pobreza. Assim, ele te provou, para conhecer o que havia no teu coração e saber se irias ou não observar seus mandamentos. ³Ele te impôs a pobreza, te fez sentir fome e te deu a comer o maná, que nem tu nem teus pais conhecíeis, para te levar a reconhecer que nem só de pão vive o homem, mas que ele vive de tudo o que sai da boca do SENHOR.

A palavra de Deus é que será a verdadeira comida do povo, como o diz também o profeta Amós (Am 8,11-12):

> ¹¹Virão dias – oráculo do Senhor, meu Deus – em que alastrarei a fome pela terra, não fome de pão, nem sede de água, mas fome de ouvir a palavra do SENHOR, e não a encontrarão. ¹²Cambaleando, irão de um mar a outro, vagueando e errando de norte a leste, em busca da palavra do SENHOR, e não a encontrarão!

Isso significa que o povo de Israel é convidado a procurar em suas Escrituras as indicações a seguir, para tomar as grandes decisões que dizem respeito à sua existência. Toda afirmação desse tipo contém implicitamente a exclusão de outras soluções.

No que concerne a Israel, podemos supor que o texto sugere excluir a possibilidade de ter um soberano ou dirigentes que possam governá-lo sem ter em conta a Lei de Moisés. Ou, ainda, de procurar sua salvação fora dos ideais fixados por essa Lei, em particular em ideologias que venham de povos estrangeiros.

Um segundo elemento importante desses capítulos é a referência aos patriarcas. É o próprio Moisés que lembra a Deus suas promessas feitas aos antepassados Abraão, Isaac e Jacó, que encontramos diversas vezes no relato da vocação de Moisés (Ex 3,6.15.16). Ele faz isso já em sua primeira intercessão, em Ex 32,13:

> ¹³Lembra-te de Abraão, de Isaac e de Israel, teus servos, aos quais juraste por ti mesmo, aos quais dirigiste esta palavra: "Eu multiplicarei a vossa descendência como as estrelas do céu, e toda esta terra de que falei, eu a darei à vossa descendência e eles a receberão como patrimônio para sempre".

Poderíamos dizer que é Moisés que refresca a memória de seu Deus. Tudo isso, para afirmar que não é possível separar Moisés dos patriarcas, o Deus de Moisés e do êxodo do Deus de Abraão, de Isaac e de Jacó/Israel. Há uma clara continuidade na história, não ruptura, e mesmo o pecado de Israel não pode introduzir aí qualquer cesura. Deus parece ter sido convencido, pois diz a Moisés no início do capítulo 33: "Deixa esse lugar, tu e o povo que fizeste subir da terra do Egito, e sobe para a terra que prometi, com juramento, a Abraão, a Isaac e a Jacó, dizendo-lhes: 'É à tua descendência que a dou'" (Ex 33,1). A promessa da terra continua valendo graças à intercessão de Moisés. O povo pode pensar no futuro, num futuro na terra! Tudo isso graças a Moisés e à sua herança.

O terceiro elemento importante dessas páginas se encontra evidentemente na teofania que vem para encerrar esses capítulos. Ele prolonga a revelação da sarça ardente e lhe ajunta um elemento essencial. Para ter segurança de que Deus está firmemente decidido a se reconciliar com seu povo e a guiá-lo através do deserto para a Terra Prometida, Moisés lhe pede um favor muito especial, o de "ver sua glória" (Ex 33,18), sendo que a glória, na Bíblia e no livro do Êxodo, é a manifestação da presença de Deus na história de seu povo. Eis a resposta de Deus a Moisés (Ex 33,20-23):

> [20][Deus] disse: "Não podes ver a minha face, porque o humano não é capaz de me ver e continuar em vida". [21]O SENHOR disse: "Eis aqui um lugar perto de mim. Ficarás sobre o rochedo. [22]E quando a minha glória passar, eu te porei na fenda da rocha, abrigando-te com a mão, enquanto eu passar. [23]Em seguida, retirarei a mão e tu me verás de costas. A minha face, porém, não pode ser vista".

É um Pai da Igreja grega, da Capadócia, Gregório de Nissa, que oferece a mais bela e mais pertinente interpretação desse texto difícil. Ele resume o conjunto com estas palavras: "Ver a Deus é seguir a Deus". Trata-se certamente do aspecto principal dessa revelação divina. Em outras palavras, Deus passa diante de Moisés, que por esse motivo não o pode ver senão pelas costas. Mas para continuar vendo-o, é também preciso se pôr a caminho e segui-lo. Permanecer no lugar significa perder de vista o guia que mostra o caminho. Deus está a caminho, precede a Moisés e ao povo no caminho, e será caminhando atrás dele, sobre o caminho mostrado por Deus, que é possível "vê-lo pelas costas". A contemplação de Deus é inseparável da marcha pelos caminhos do deserto.

O segundo aspecto, ligado ao primeiro, é o do perdão. O Deus que passa e que aceita, portanto, voltar e ir à frente da expedição que conduz o povo para sua terra, é um Deus que perdoa. Isso é dito explicitamente quando ele "passa" diante de Moisés (Ex 34,6-7, na Tradução Ecumênica da Bíblia):

> ⁶O SENHOR passou diante dele, proclamando: "O SENHOR, o SENHOR, Deus misericordioso e benevolente, lento para a cólera, cheio de fidelidade e lealdade, ⁷que permanece fiel a milhares de gerações, que suporta a iniquidade, a revolta e o pecado, mas que não deixa passar nada e visita a iniquidade dos pais nos filhos e nos filhos dos filhos, até a terceira e a quarta geração."

As traduções podem variar porque o texto hebraico é difícil e até mesmo ambíguo. De fato, o sujeito do verbo "proclamar" é menos claro em hebraico do que nas traduções, pois no hebraico o sujeito não está expresso. Como quer que seja, o texto sugere que o Deus do êxodo perdoou de fato ao povo. Isso já estava dito após a primeira intercessão de Moisés (Ex 32,14: "E o SENHOR renunciou ao mal que – como havia dito – queria fazer ao seu povo"). O Deus do êxodo é um Deus que perdoa, e se ele não fosse um Deus que perdoa, Israel não poderia existir por muito tempo. Por conseguinte, o perdão não é um elemento acessório ou ocasional. A proclamação de Deus convida a ver aí um elemento fundamental e constituinte de sua relação com seu povo. Sem esse elemento, não há relação possível.

Concluindo, o denso texto desses três capítulos pode ser resumido em duas frases complementares. A primeira é uma prece que poderia ser dirigida ao Deus do êxodo: "Revela-me o caminho a seguir, pois anseio por ti" (Sl 143,8). A segunda é outra prece, desta vez de ação de graças, que também poderia ter sido pronunciada pelo povo de Israel durante a permanência no deserto: "Bendize o Senhor, ó minha alma, e não esqueças nenhum de seus benefícios! É ele quem perdoa inteiramente a tua falta e cura todos os teus males" (Sl 103,2-3).

Com efeito, de uma parte o Deus do êxodo é um Deus "a caminho", é seguindo-o no caminho que é possível "vê-lo". Essa verdade encontra uma culminância inesperada na palavra do evangelho de São João quando Jesus de Nazaré diz: "Eu sou o caminho, a verdade e a vida" (Jo 14,6). Ele é ao mesmo tempo o guia e o caminho a ser seguido. Os primeiros discípulos de Jesus de Nazaré são, aliás, chamados discípulos da "via" ou do "caminho" (At 9,2; 18,25-26; 19,9.23; 22,4; 24,14.22). Portanto, não é exagerado dizer que há perfeita continuidade entre o Antigo e o Novo Testamento neste assunto e que a espiritualidade da Bíblia toda pode ser definida como espiritualidade do caminho ou da caminhada.

De outra parte, o livro do Êxodo nos ensina que o perdão é parte constitutiva do relacionamento que Deus estabelece com seu povo. O Deus de misericórdia e de perdão, lento para a cólera e rico em graça e fidelidade, é também aquele que envia seu Filho ao mundo "não para julgar o mundo, mas para que o mundo seja salvo por ele" (Jo 3,17). E é Jesus de Nazaré que retoma por sua conta uma palavra de Oseias: "É a misericórdia que eu quero, não o sacrifício" (Os 6,4; Mt 9,12; 12,7). Tudo isso pode dizer que o Novo Testamento traz um esclarecimento particular a essa palavra de Deus quando ele diz a Moisés: "Concedo minha benevolência a quem concedo benevolência e faço misericórdia a quem faço misericórdia" (Ex 33,19).

8

No mar abriste o teu caminho, tua passagem nas águas profundas (Sl 77,20) – o milagre do mar (Ex 14,1-31)

Tema 4

Do mar dos Juncos, Deus desviou o povo em direção ao deserto (Ex 13,18)

O milagre do mar (Ex 14,1-31) é, sem dúvida, com a teofania do Sinai, um dos textos mais conhecidos do livro do Êxodo. Trata-se de um relato bastante complexo, e nós vamos nos limitar a alguns elementos essenciais. Os acontecimentos se dão após três dias de marcha pelo deserto (Ex 12,37; 13,20; 14,2; Nm 33,5-7).

Podem-se distinguir três etapas principais no desenvolvimento desse episódio: Ex 14,1-14.15-25.26-31. Cada uma das etapas é introduzida por um discurso divino (14,1-4.15-18.26). Por sua vez, a conclusão da primeira cena (Ex 14,13-14) fornece os elementos para as duas conclusões seguintes. Em Ex 14,13-14, Moisés diz aos israelitas:

> [13]Não tenhais medo! Coragem! E *vede a salvação* que o SENHOR realizará *hoje* por vós. Os egípcios que *hoje* vistes nunca mais os vereis. [14]*É o SENHOR que combaterá* por vós. De vossa parte, nada fareis!

No v. 25, quando os egípcios fogem diante do mar que volta ao seu lugar habitual, eles gritam: "Fujamos para longe de Israel, pois é *o SENHOR que combate* por eles contra o Egito!" Os próprios egípcios reconhecem, portanto, que Moisés teve razão ao dizer: "É *o SENHOR que combaterá* por vós" (Ex 14,14). Quanto à primeira parte do discurso de Moisés, o relato mostra que ela se realizou nos versículos 30-31 do mesmo capítulo:

> [30]*Naquele dia*, o SENHOR *salvou* Israel da mão do Egito, e Israel viu *o Egito morto* na orla do mar. [31]Israel viu com que mão forte o SENHOR havia agido contra o Egito. O povo *concebeu temor* ao SENHOR, acreditou no SENHOR e em Moisés, seu servo.

Podemos, portanto, distinguir três etapas principais nesse relato, cada etapa tendo uma introdução e uma conclusão. A primeira cena (Ex 14,1-14) descreve, após o discurso divino a Moisés (Ex 14,1-4), a decisão do faraó de perseguir os israelitas para os levar de volta ao Egito (Ex 14,5-7), a perseguição aos israelitas, alcançados pelo faraó e seu exército às margens do mar, e a reação apavorada dos israelitas que se sentem apanhados entre o mar, por um lado, e o exército egípcio, por outro (Ex 14,8-10). Segue-se um breve intermédio em que os israelitas pela primeira vez exprimem o medo do deserto e a nostalgia do Egito (Ex 14,11-12). Moisés reage imediatamente para acalmar o medo dos israelitas e para prometer uma intervenção divina definitiva, como já vimos (Ex 14,13-14). Essa primeira cena se desenvolve, portanto, parte no palácio do faraó, parte no deserto e por fim à beira do mar. No v. 9, o povo de Israel prepara o acampamento para passar a noite, e o final da cena coincide assim com o crepúsculo.

A segunda cena (Ex 14,15-25) se inicia com o discurso de Deus que manda Moisés estender a mão sobre o mar para dividir as águas e convidar os israelitas a entrar no mar. Os egípcios serão atraídos para dentro do mar para perseguir os israelitas, e Deus promete uma vitória completa contra o faraó e seu formidável exército (Ex 14,15-18). Em seguida, o relato descreve uma sequência de manobras que às vezes parecem confusas e mesmo contraditórias. Para ficarmos com os elementos mais claros, Moisés separa as águas, o povo de Israel entra por esse corredor aberto no meio das águas e os egípcios se precipitam pelo mesmo corredor ao encalce deles. Tudo isso acontece de noite. Pela manhã, Deus intervém do alto da nuvem, símbolo e lugar de sua presença, semeia o pânico no meio dos egípcios que se põem a fugir (Ex 14,19-25). Nessa cena, o lugar é primeiro às margens do mar, e depois o "meio do mar".

A terceira cena (Ex 14,26-31) contém uma conclusão do episódio. Quando o povo de Israel chega ao outro lado do mar, Deus ordena a Moisés estender a mão sobre as ondas para que o mar cubra o exército dos egípcios que se encontra ainda no meio das águas. É o que acontece, e todos os egípcios morrem afogados. O relato termina com a confissão de fé dos israelitas, que podem contemplar a obra que Deus realizou em favor deles, conforme Moisés tinha predito (Ex 14,13-14): o próprio Deus tinha combatido por eles e os salvara dos egípcios. Por isso, é normal que os israelitas creiam em Deus, mas também em Moisés, seu servo, que provou que se pode confiar nele (Ex 14,30-31).

O mar retrocedeu ou secou?

Uma breve nota sobre o "milagre do mar". Um leitor atento não poderá deixar de perceber certas tensões no relato a propósito da natureza do milagre do mar. Segundo uma primeira versão, de fato se diz que uma nuvem separou os egípcios dos israelitas e que por isso eles não conseguiram se encontrar. Ficaram todos bloqueados no lugar durante toda a noite (Ex 14,20). Aí soprou, também durante toda a noite, um forte vento leste, que repeliu o mar para longe da margem, deixando a seco grande parte da praia (Ex 14,21 em parte). Na "vigília da manhã", isto é, entre duas e seis horas da madrugada, o vento cessa de soprar, o mar volta a seu lugar habitual e cobre a parte da praia que tinha ficado descoberta. Os egípcios que, sem dúvida, tinham parado nesse lugar com seus carros, pois não podiam se aventurar a ir mais longe, são tomados de pânico, tentam fugir, mas ficam presos na areia molhada; tentando fugir de qualquer maneira, talvez a pé, são pegos pelo mar, que se lança sobre eles, os derruba a todos sob as ondas, e todos se afogam (Ex 14,24-25.27b.30). Pelo menos é essa a maneira mais plausível para compreender o que o relato sugere quando insiste mais sobre a intervenção divina do que sobre os detalhes estratégicos do acontecimento.

Outra versão nos é mais familiar. Deus indica a Moisés tudo o que ele deve fazer: estender a mão sobre o mar para dividir as águas, o que ele faz sem hesitar (Ex 14,15-18.21 em parte). Os israelitas entram no mar, com uma muralha de água à direita e outra à esquerda; os egípcios se lançam pelo mesmo corredor adentro atrás dos israelitas (Ex 14,22-23). Os israelitas alcançam a outra margem a pé enxuto e, nesse momento, Deus ordena a Moisés estender a mão uma segunda vez sobre o mar, o que ele faz de novo, e as águas encobrem os egípcios que ainda se encontravam no meio da passagem, em pleno mar (Ex 14,26-27, // 28-29). Os egípcios morrem afogados, como na outra versão.

Na primeira versão, as águas voltam, alcançam os egípcios que fogem, os derrubam e eles se afogam. Na segunda versão, eles são cobertos pelas águas que formavam uma muralha, uma à direita e outra à esquerda. Na primeira versão, se fala de um mar empurrado e secado pelo vento, mas que volta a seu lugar; na outra, de um mar dividido para abrir uma passagem no meio dele. As duas versões são justapostas, sem dúvida pela simples razão de que nas duas versões os egípcios morrem finalmente afogados nas águas do mar.

A versão que fala do vento é mais "natural" porque se baseia em fenômenos conhecidos, os efeitos do vento do leste, da maré, a dificuldade bem conhecida de os carros se moverem em terrenos esponjosos, como também o fato de que durante a noite não é possível se deslocar no terreno, sobretudo se uma nuvem ou densa cerração se estende sobre o lugar.

A outra versão tem um caráter miraculoso muito mais marcado. Ela pode ter sido inspirada pelo relato da travessia do Jordão, onde também ocorre um fenômeno semelhante: os israelitas atravessam o rio a pé enxuto porque as águas que descem de cima pararam de correr e se ergueram "numa só mole", talvez bloqueadas por um enorme deslizamento de terra para dentro do leito do rio (Js 3,16; ver também 4,22-23). Entrevê-se claramente que a versão da divisão do mar usa um vocabulário bem conhecido desde o relato da criação: Deus é o soberano do universo, e é ele, somente ele, que é capaz de fazer surgir a "terra seca" no meio das águas, como no terceiro dia da criação (Gn 1,9-10). Assistimos ao mesmo fenômeno por ocasião do milagre do mar, e ele é descrito com o mesmo vocabulário (Ex 14,16.22.29; cf. Ex 15,19; Js 4,22-23). O Deus que salva Israel dos egípcios é o criador do universo, ele põe a serviço da salvação de seu povo o poder que usou para criar o universo.

As duas versões empregam imagens diferentes e linguagem também diferente, mas concordam em dois pontos. Em primeiro lugar, põem de relevo o poder de Deus sobre a criação, em particular sobre o vento, sobre o mar e sobre a terra seca. Em segundo lugar, como nas pragas do Egito, as duas versões demonstram que o poder do faraó tem limites. O mais formidável exército do mundo não pode combater contra as forças da natureza, contra o vento e contra o mar. Para dizê-lo com as palavras do profeta Isaías: "O egípcio é um homem, e não um deus, seus cavalos são carne, e não espírito" (Is 31,3). Eis o que devia ser demonstrado.

"Sem firme confiança, não vos firmareis" (Is 7,9)

Um dos fios condutores dessa narração, um entre muitos outros, é o do pavor/temor. No hebraico, é o mesmo verbo que exprime as diversas nuances. Ele é empregado três vezes na narrativa, em três momentos estratégicos (Ex 14,10.13.31). Quando o povo é alcançado pelo exército do faraó, é assaltado pelo pavor, e clama a Deus (Ex 14,10). Esse pavor é bem compreensível, e além disso o leitor podia prevê-lo ao menos desde Ex 14,5, pois o narrador, deixando Israel caminhar no deserto sob a direção de Moisés, volta ao Egito, ao palácio do faraó, onde nos faz assistir a uma reviravolta de situação: o faraó muda de ideia, arrepende-se de sua decisão de deixar Israel partir e decide segui-lo e trazê-lo de volta aos trabalhos forçados. Assistimos – impotentes? – à preparação de um formidável exército, o mais poderoso da época, e ao início da perseguição. Tudo isso se passa sem que o povo que marcha no deserto saiba de nada, inteiramente feliz por gozar finalmente a liberdade conseguida. Somente o leitor está ao corrente do que aconteceu no palácio do faraó e só ele vê o exército do faraó, lançado a toda pressa ao encalce do povo, que lá no deserto nada sabe do perigo. A tensão se aguça, até o momento em que o povo percebe a chegada do faraó e do seu temível exército. "Pegos como ratos", diríamos hoje. É bem isso que os israelitas sentem.

É aqui que entra o breve discurso de Moisés (Ex 14,13-14). "Eles ficaram apavorados" (Ex 14,10) e Moisés diz: "Não tenhais medo" (Ex 14,13). Já vimos que em tais circunstâncias Moisés é o único que não se apavora. Ele é também o primeiro a confessar sua fé, com grande segurança. Por quais razões? O texto não o diz. É verdade que Deus lhe tinha prometido gloriar-se às custas do faraó e de seu exército, mas Moisés não faz nenhuma alusão a essa promessa neste discurso. Pode-se pensar, mas isso é apenas uma suposição, que Moisés conhecia bem o lugar e sabia por experiência que os carros iriam se atrapalhar na areia úmida. O mar, com o recuo da maré, faria o resto. É isso, aliás, o que de fato se deu. Mas, insisto, isso não é senão uma suposição, porque o relato continua mudo sobre as motivações de Moisés para não se apavorar.

A verdade é que os acontecimentos deram razão a Moisés. O exército do faraó é vencido pelos elementos da natureza e todos os egípcios perecem no mar. Os israelitas encontram os cadáveres deles na praia, ao levantar do sol (cf. Ex 14,27). É também aqui que encontramos o terceiro emprego do verbo temer. Diante desse espetáculo, após terem escapado de um terrível perigo, o povo "concebeu temor ao SENHOR, acreditou no SENHOR e em Moisés, seu servo" (Ex 14,31). Em poucas palavras, o povo é libertado por Deus de um enorme perigo. Ele passa do poder tirânico do faraó ao poder de seu Deus, do Egito ao deserto, da escravidão à liberdade, da noite ao alvorecer do dia, de uma margem do mar a outra, e do pavor diante de um tirano ao temor de Deus. Israel venceu sobretudo seu pavor, porque era escravo enquanto tinha pavor dos egípcios. Ele se torna livre quando supera o pavor e enfrenta o mar para sair da escravidão e passar para a liberdade.

Concluindo, a narrativa de Êxodo 14 descreve uma experiência de fé. Ela mostra como o povo de Israel consegue se libertar da escravidão ao se desvencilhar do pavor de seus opressores egípcios e contemplando o poder do Deus criador, muito mais poderoso que todos os faraós do Egito com seus exércitos. Esse relato também mostra o que é um caminho de ressurreição, atravessando o mar, atravessando a noite, saindo do poente para o levante, passando da escravidão e da beira da morte para descobrir a outra margem, a da liberdade, ao amanhecer do dia.

9

O Senhor está presente no meio de nós, sim ou não? (Cf. Ex 17,7)

Tema 5

Uma vez estando no deserto, o povo deve enfrentar uma porção de problemas bem concretos. Ser-lhe-á necessário encontrar água, alimentação e se defender de todo tipo de perigos que o espreitam. Como foi seu Deus que o levou ao deserto, é normal, na mentalidade antiga, que esse Deus cuide de seu povo e mostre, dessa maneira, que ele de fato é seu soberano, capaz, como todo soberano, de o tirar das más situações em que possa se encontrar. Daí uma série de narrações que descrevem as intervenções de Deus no deserto para responder às expectativas de seu povo. Essas narrações estão concentradas nos capítulos 15 a 18 do livro do Êxodo, mas se encontram também no livro dos Números (por exemplo, Nm 11,20 e 21). Três desses relatos são mais conhecidos e merecem uma breve explicação: o dom do maná (Ex 16,1-36), a água que jorra do rochedo (Ex 17,1-7) e a batalha contra Amaleq (Ex 17,8-16).

O maná e as codornizes, pão e carne

O dom do maná vem acompanhado pelo "dom das codornizes" (Ex 16,13). Este segundo prodígio é o assunto de outra narração no livro dos Números (Nm 11,4-35). O relato de Ex 16 descreve sobretudo o dom do maná, enquanto o de Nm 11 se centra sobre o dom das codornizes.

No livro do Êxodo, o relato é usado para pôr em evidência a lei do sábado. O maná, dom de Deus, pode ser recolhido durante seis dias sobre sete, mas no sétimo dia nada cai do céu (Ex 16,22-30). Com efeito, o sábado é um dia de repouso e é por isso que no sexto dia cai do céu o dobro da quantidade habitual. O relato tem por finalidade mostrar como o povo de Israel "descobre" o sábado no deserto. É interessante constatar que certas leis importantes, como o respeito do sábado, são primeiro descobertas e experienciadas antes de serem decretadas. A experiência precede a legislação.

A seguir, o capítulo é trabalhado para se tornar o relato de uma prova: "O SENHOR disse a Moisés: 'Vou fazer com que do céu chova pão para vós. O povo deverá sair para recolher cada dia a ração cotidiana, para que eu o ponha à prova: ele andará, ou não, na minha lei? No sexto dia, quando prepararem o que foi recolhido, terão o dobro da colheita diária'" (Ex 16,4-5); tudo como o Deuteronômio repetirá: "Lembrar-te-ás de todo o caminho que o SENHOR teu Deus te fez percorrer durante quarenta anos no deserto, para que experimentasses a pobreza. Assim ele te provou, para conhecer o que havia no teu coração e para saber se irias, ou não, observar seus mandamentos" (Dt 8,2). O parentesco entre esses dois textos salta aos olhos. O povo, contudo, parece não ter passado bem pela prova, se devemos crer no v. 28: "O SENHOR disse a Moisés: 'Até quando vos recusareis a guardar os meus mandamentos e as minhas leis?'" (Ex 16,28).

Podemos, portanto, notar dois aspectos complementares e sucessivos neste relato. Em primeiro lugar, ele manifesta que Deus tem o poder de fornecer o alimento a seu povo no deserto, lugar onde é muito difícil, e mesmo impossível, de o encontrar. É essa a razão por que o texto usa uma fórmula particular no v. 15: "À vista disso, os filhos de Israel disseram uns aos outros: 'Man hu?' ('Que é isto?'), pois não sabiam o que era. Moisés lhes disse: 'É *o alimento que o SENHOR vos dá para comer*'" (Ex 16,15). Essa fórmula se encontra também textualmente duas outras vezes nos relatos do início do Gênesis. Numa primeira vez, no relato da criação, quando Deus diz: "Eu vos *dou* toda erva que produz a sua semente sobre toda a superfície da terra e toda árvore cujo fruto produz a sua semente; *tal será o vosso alimento*. A todo animal da terra, a todo pássaro do céu, a tudo o que rasteja sobre a terra e que tem sopro de vida, eu *dou como alimento* toda erva que amadurece" (Gn 1,29-30). Na segunda vez, a fórmula aparece no relato do dilúvio, onde Deus diz a Noé: "E tu, apanha de tudo o que se come e faze uma reserva para ti; *isso será o teu alimento e o deles*" (Gn 6,21). O emprego da mesma fórmula convida a entender o dom do maná como um outro ato de Deus criador, desta vez em favor de seu povo. Como o Deus criador tinha se preocupado em dar alimento suficiente a todas as criaturas, e como ele se tinha preocupado para que Noé e todos os ocupantes da arca fizessem uma provisão de alimentos em vista do dilúvio, da mesma maneira o mesmo Deus cuida do seu povo no deserto e mostra que o criador do universo é capaz de o alimentar num meio hostil.

Mas, o que é o maná? Em todos os tempos, os prodígios e milagres que aconteceram no deserto atraíram a atenção dos pesquisadores. O maná é descrito de maneira bem precisa pelo nosso relato: "Surgiu na superfície do deserto algo quebradiço, parecido com geada sobre a terra" (Ex 16,14). O livro dos Números acrescenta alguns detalhes: "O maná era parecido com a semente do coentro; tinha a aparência do bdélio [tipo de resina]" (Nm 11,7). Os pesquisadores propuseram diversas explicações. A mais comum vê no maná a secreção de um arbusto que cresce na península do Sinai, um tipo de tamareira, parecida com a acácia, que tem o nome científico de *tamarix mannifera*. De fato, quando ela é atacada por uma cochonilha (*coccus manniparus*), a resina da árvore forma pequenas esferas que caem ao solo e são comestíveis. Os beduínos conhecem muito bem essa espécie de alimento. Acrescentemos que, segundo a mentalidade bíblica, encontrar alimento no deserto já é em si um "prodígio", um "milagre", pois é sempre mais provável nada encontrar.

Quanto às codornizes, trata-se de outro fenômeno conhecido e muitas vezes descrito por viajantes daquelas regiões. A codorniz dos trigais (*coturnix*) é um pássaro migrador que, entre outros lugares, passa o inverno na África do Norte, no Egito e no Sudão. Esse pequeno galináceo volta para a Europa e a Ásia do Norte, seguindo por diversas rotas. Acontece que um voo dessas aves cansadas da viagem, por exemplo por causa de ventos contrários, termina no solo. Esse fenômeno tem sido observado na península do Sinai, como também nas costas do Mediterrâneo. Essas codornizes, contudo, não são comestíveis por terem se alimentado de bagas venenosas, como, por exemplo, a cicuta. As aves suportam esse veneno, mas não os que as comem, sobretudo em grande quantidade. Mas as codornizes que fizeram seus ninhos na Europa ou na Ásia do Norte se alimentaram de trigo. Elas migram desde o mês de agosto em direção ao sul e a carne delas é comestível. É dessa maneira que os pesquisadores explicam por que as codornizes que foram consumidas pelos israelitas segundo Ex 16,13 não tiveram o efeito negativo das codornizes mencionadas em Nm 11,31-34, as quais provocaram a morte de muita gente.

Tudo somado, essas narrações nos fazem compreender que o Deus de Israel é um Deus que controla a natureza, e sobretudo é capaz de garantir a salvação de seu povo num lugar hostil e inóspito. Sobreviver no deserto, dia por dia, dá claramente a ideia de prodígio, e é o que essas narrações querem evidenciar.

"Ele que muda a rocha em pântano e o granito em fonte" (Sl 114,8)

O problema da água é evidentemente uma grandíssima preocupação nas regiões desérticas ou semidesérticas, "região árida e de sombra-da-mata, onde ninguém passa nem fica morando", como a descreve muito bem um texto de Jeremias (Jr 2,6). Dois relatos do livro do Êxodo nos falam disso: Ex 15,23-26, sobre as águas de Mara, e 17,1-7, sobre a água que jorra do rochedo.

Ex 15,23-26 é a primeira narração sobre a permanência de Israel no deserto, e é certamente sintomático que se trate de uma narração sobre a procura de água. Lemos que o povo chega a um lugar chamado "Mara", que quer dizer "amargo", em hebraico. De fato, as águas desse lugar se mostram amargas. Mas Deus indica a Moisés um meio de tornar potável essa água, jogando nela um pedaço de madeira. Como em outros casos semelhantes, os beduínos do deserto conhecem as virtudes de certas plantas e de certos arbustos que permitem mudar a qualidade da água.

O relato de Êxodo 17,1-7 é sem dúvida mais surpreendente, pois Moisés, com indicação de Deus, chega a fazer jorrar água de um rochedo. À primeira vista, isso parece totalmente inverídico. Entretanto, os beduínos do Sinai conhecem fenômenos semelhantes. Cavando o solo sob uma camada de granito, em determinados lugares é possível encontrar o lençol freático. Outra explicação é ainda mais próxima do relato bíblico. Os rochedos do deserto podem ter fissuras em razão das grandes mudanças de temperatura. Mesmo mínima, a umidade do ar se condensa nas fissuras e, com o correr do tempo, certa quantidade de água pode assim ir se acumulando em algumas rochas e se conservar aí em razão da tensão da superfície. Basta, porém, bater no rochedo ou mesmo gritar para romper esse equilíbrio e fazer sair a água dessas fissuras. Naturalmente é preciso conhecer tais lugares.

Nesses casos, como no caso do maná e das codornizes, o "milagre" está sobretudo no fato de ser possível encontrar água lá onde ninguém esperava encontrá-la. Segundo a mentalidade bíblica, tudo é dom de Deus, especialmente o que é imprevisível e inesperado.

"Lembra-te do que Amaleq te fez" (Dt 25,17)

O deserto esconde muitos perigos, um deles é o de um ataque repentino de ladrões. O livro do Êxodo conservou apenas um relato desse tipo, mas ele continua emblemático. Ele se encontra no fim do capítulo 17 (Ex 17,8-16). O texto do

Êxodo é bastante sóbrio em detalhes sobre as circunstâncias do ataque, mas o livro do Deuteronômio é mais generoso nesse assunto (Dt 25,17-18):

> [17] Lembra-te do que Amaleq te fez em vosso caminho, quando saístes do Egito; [18] como ele veio a teu encontro na estrada e destruiu, à retaguarda de tua coluna, todos os que se demoravam, enquanto estavas exausto e extenuado; ele não temeu a Deus.

Amaleq, uma tribo nômade do deserto, teria, portanto, atacado sorrateiramente, de surpresa, a retaguarda de Israel, aproveitando-se do cansaço do povo. "Ele não temeu a Deus" significa que ele não respeitou as regras ou as convenções tácitas da época a esse respeito. "Isso não se faz", "é uma deslealdade", diríamos hoje. No livro do Êxodo, as coisas são mais simples: Amaleq ataca e Israel se defende. O relato do combate é muito limitado, pois, como todos sabem, os escritores bíblicos, ao contrário de Homero, são bem menos capazes de descrever uma batalha. Nada sabemos, por exemplo, da estratégia adotada por Josué sobre o terreno. Pois é Josué que se encarrega de comandar as tropas de Israel. Ao contrário, o relato se demora longamente sobre o gesto de Moisés, que é o que decide a vitória. Esse gesto é simples: Moisés se conserva numa elevação, numa colina que domina o campo de batalha, e estende a mão ou as mãos. O texto fala tanto de uma mão (Ex 17,11) como também das duas (Ex 17,12). Quando a mão de Moisés se ergue, Israel vence. Quando ela cai, é Amaleq que leva vantagem (Ex 17,11). Por isso, Moisés é acomodado sobre uma pedra e duas pessoas, seu irmão Aarão e um certo homem chamado Hur, lhe sustentam os braços para que continuem erguidos (Ex 17,12). Tradicionalmente, esse gesto foi interpretado como posição de prece, uma prece eficaz, que alcança a vitória. A oração seria, portanto, mais importante do que um poderoso exército ou uma estratégia inteligente.

Segundo os especialistas da questão, a coisa não é entretanto tão segura como parece à primeira vista. Com efeito, o gesto não é acompanhado de nenhuma invocação, o que por si só causa dúvida. Em outras palavras, na oração, o orante eleva sua alma para o Senhor (Sl 25,1; 86,4), e quando ele ergue as mãos, por exemplo para Deus ou para o santuário, o hebraico emprega outros verbos (Sl 28,2; 63,5; 119,48; 134,2; 141,2; cf. Dt 32,40; 1Rs 8,22.54; Ne 8,6 etc.). Ao contrário, o verbo empregado por Ex 17,11 se encontra em contextos onde é questão de afirmar seu poder ou sua liberdade (Ex 14,8; Nm 33,3; Is 26,11; Sl 89.14; cf. Nm 15,30 onde agir com "a mão erguida" significa "agir deliberadamente"). Portanto, não se trataria de um gesto de prece, mas de um gesto de autoridade.

Existe um outro relato que permite compreender melhor o gesto de Moisés. Ele se encontra no livro de Josué, no capítulo 8. Quando Israel ataca a cidade de Ai, Deus ordena a Josué estender a mão contra a cidade com uma arma que deve ser semelhante a um sabre ou a um dardo (Js 8,18-19). Esse gesto é um sinal, mas ao mesmo tempo garante a vitória ao povo de Israel. Trata-se de um gesto eficaz: "Estende em direção de Ai o dardo que tens na mão, pois eu a entreguei a ti" (Js 8,18). A vitória seguiu logo.

Outro exemplo faz parte dos relatos proféticos a propósito do profeta Eliseu (2Rs 13,14-19). Segundo esse relato, Eliseu propõe ao rei de Israel, Joás, atirar uma flecha pela janela em direção ao oriente, e em seguida bater na terra com sua aljava. A cada uma das vezes, o profeta promete a vitória ao rei de Israel contra seu inimigo arameu (2Rs 13,17.19). Trata-se, portanto, de gestos eficazes que antecipam uma saída favorável na batalha, e o gesto de Moisés seria do mesmo tipo.

Enfim, o relato contém uma das primeiras alusões à escritura no Antigo Testamento: "O SENHOR disse a Moisés: 'Escreve isto no livro, qual memorial, e faze-o chegar aos ouvidos de Josué: Apagarei a memória de Amaleq. Apagá-la-ei de debaixo do céu!'" (Ex 17,14). De que "livro" se trata? O texto não o diz. Deve-se tratar de uma espécie de crônica, como as podiam ter os reis em campanha naquela época. Conforme esse texto, Amaleq é "o inimigo por excelência" de Israel, como será recordado mais vezes (Nm 24,20; Dt 25,17-19; 1Sm 15,3; cf. Gn 36,12; Sl 83,8). Saul será destituído de rei porque não quis exterminar Amaleq, a quem havia vencido (1Sm 15). Davi combaterá contra os amalequitas, segundo 1Sm 30. E é um mercenário amalequita que afirma ter acabado com Saul, segundo 2Sm 1,8-11.

Moisés constrói em seguida um altar para comemorar a batalha (Ex 17,15). Em duas palavras, o texto insiste bem mais sobre o aspecto religioso do acontecimento do que sobre a estratégia militar. Josué é um personagem secundário e tudo depende do gesto de Moisés. Trata-se, sem dúvida, de um acontecimento emblemático, pois é a primeira batalha que o povo de Israel enfrenta no curso de sua longa história. A lição é bem clara: Israel sabe, ou deve saber, de onde vem a salvação e a vitória.

Conclusão

Outras peripécias da travessia pelo deserto se leem no livro dos Números e são igualmente retomadas nos primeiros capítulos do livro do Deuteronômio (Dt 1–3; ver também 9–10). A intenção primeira dessas narrações não é fornecer uma informação rigorosa e detalhada dos acontecimentos, à maneira das crônicas antigas ou modernas. Trata-se, antes, de imprimir na memória de um povo uma série de lições a partir do passado: "Esses acontecimentos se deram para nos servir de exemplo" (1Cor 10,6), como diz São Paulo em sua primeira epístola aos Coríntios. O caráter paradigmático desses relatos é aquele que prevalece sobre todos os outros. Quem pode fornecer alimento e água no deserto? Quem pode dar a vitória ao povo de Israel? Como agir em caso de necessidade? Eis o tipo de questões às quais os relatos tentam responder.

10

"Erguerei minha tenda no meio dos filhos de Israel" (Ex 29,45)

Tema 6

Acabamos de ver que o Deus do êxodo é um Deus "a caminho", um Deus que vai à frente e guia seu povo durante a marcha pelo deserto em busca da Terra Prometida. Essa imagem de Deus é o fruto de uma longa reflexão que teve um primeiro desabrochar no livro do Êxodo e que vai se prolongar até o Novo Testamento. Sem dúvida, vale a pena retraçar as grandes etapas dessa reflexão a propósito do tema central da teologia veterotestamentária.

"Escolhi Jerusalém para que aí esteja o meu nome" (2Cr 6,6)

Todas as religiões do Próximo Oriente antigo, e não somente elas, têm como ponto comum honrar os deuses "locais". As divindades habitam em templos, em santuários, que na realidade são "residências" terrestres dessas divindades. O deus Marduk tem seu templo em Babilônia, e é dessa cidade que ele reina sobre o império conquistado pelos reis de Babilônia. Do mesmo modo, o deus Assur, que reside em Nínive, reina sobre o império assírio. Igualmente, o deus Baal fez construir um templo para ele na cidade fenícia de Ugarit. A deusa Atena tinha seu templo, o Partenon, em Atenas, e Júpiter Capitolino tinha o seu sobre a colina do Capitólio, em Roma.

Quanto ao Deus de Israel, ele escolheu estabelecer sua morada em Jerusalém, sobre o monte Sião. Encontramos essa escolha nas Escrituras da comunidade judaica que estão na origem de nossa Bíblia. Por sua vez, os Samaritanos afirmam que Deus escolheu o monte Garizim, perto de Siquém, e que sua verdadeira morada se encontra no alto dessa montanha e não em Jerusalém (cf. Jo 4,20). Em todo caso, sempre se trata de uma divindade "local", encontre-se o templo sobre o monte Sião ou sobre o Garizim.

É por isso que em Israel todo aquele que faz sua prece se volta normalmente em direção ao templo para invocar o socorro divino. É o que exprime Salomão em sua oração por ocasião da inauguração do templo: "Digna-te ouvir a súplica que teu servo e Israel, teu povo, dirigem *a este lugar!* Ouve-a no lugar em que habitas, no céu; ouve e perdoa" (1Rs 8,30). Os fiéis rezam voltados para o templo, e Deus escuta de sua morada celeste. Deus, com efeito, escolheu o templo de Sião para "aí fazer residir seu nome", isto é, uma espécie de "segunda residência", uma antena terrestre que permite ter comunicação diretamente com o céu (1Rs 8,29; cf. Dt 12,5.11 e *passim*; Ez 48,35).

Essa ideia perpassa todo o livro dos Salmos. A prece dos salmistas se dirige ao templo, como, por exemplo, a ação de graças do Sl 138,2: "Eu me prosterno em direção do teu templo santo e celebro o teu nome" (cf. Sl 5,8; 1Rs 8,44.48; Dn 6,11). O salmista procura também refúgio no templo quando se encontra num grande perigo, como no Sl 27,4-5:

⁴Uma coisa pedi ao SENHOR,
E mantenho meu pedido: morar na casa do SENHOR todos os dias de minha vida,
Para contemplar a beleza do SENHOR e zelar pelo seu templo.
⁵Pois ele me esconde no seu abrigo no dia da desgraça:
Ele me esconde no segredo da sua tenda e me levanta sobre um rochedo.

O mesmo pedido se encontra, entre outros, nos Salmos 18,3; 23,6; 31,21; 42,3; 84,1-13. É também do templo que Deus ouve a voz dos que lhe suplicam, como o diz o Sl 18,6-7:

⁶Os laços do Sheol me cercaram, e as armadilhas da morte estavam armadas para mim.
⁷Em minha angústia, chamei o SENHOR, bradei a meu Deus.
De seu templo, ele ouviu minha voz;
O brado a ele lançado chegou a seus ouvidos.

É por isso que o fiel que quer "ver a Deus", quer dizer, se encontrar em presença de Deus, parte em peregrinação ao templo. Seguramente todos conhecem os "Salmos para as subidas", que eram cantados pelos peregrinos que se dirigiam a Jerusalém (Salmos 120–134), dos quais o mais célebre é sem dúvida o Sl 122, que começa assim: "Que alegria, quando me disseram: 'Vamos à casa do SENHOR!' Paramos às tuas portas, Jerusalém!" (Sl 122,1-2). Em especial, o anseio do crente é poder "contemplar a face de Deus", e isso não é possível senão em Jerusalém, no templo, como o diz bem o Sl 42,2-3:

²Como uma corça anela pelas torrentes d'água,
Minha alma anela por ti, meu Deus.
³Tenho sede de Deus, do Deus vivo:
Quando entrarei para comparecer diante de Deus?

O último estíquio pode ser traduzido como o fizemos, segundo a TEB, ou por "Quando voltarei a ver a face de Deus?", como na Bíblia de Jerusalém, que supõe uma ligeira correção das vogais do texto hebraico. De qualquer modo, aparece claramente que todo membro fiel do povo de Israel deseja ardentemente se encontrar em presença de seu Deus, e isso não é possível a não ser no templo de Jerusalém. Essa ideia está firmemente ancorada na piedade de Israel, por isso a cada membro do povo se pede que vá três vezes por ano em peregrinação a esse santuário central, conforme Dt 16,16-17 (ver também Ex 23,14.17).

Pode-se estimar que essa espiritualidade da peregrinação tenha continuado em vigor por muito tempo. Mas uma tragédia vai questionar tudo, essa tragédia será a conquista de Jerusalém pelos exércitos da Babilônia enviados por Nabucodonosor contra o rei rebelde, Sedecias, em 586 a.C. O templo será destruído e a cidade incendiada. Será, então, ainda possível invocar a Deus, se sua "antena terrestre" não existe mais? "Ó Deus, as nações invadiram o teu patrimônio, tornaram impuro o teu templo santo e reduziram Jerusalém a ruínas. Entregaram os cadáveres dos teus servos como alimento aos pássaros do céu, a carne dos teus fiéis aos animais da terra" (Sl 79,1-2). Nesse contexto, é mais fácil compreender o sentido profundo da questão colocada pelo mesmo salmo: "Por que deixar as nações dizerem: 'Onde está o Deus deles?'" (Sl 79,10). Os "pagãos" destruíram o templo de Deus e assim ele não tem mais morada aqui em baixo. Ele não é mais acessível, diríamos hoje. Como resolver esse problema?

"Fui um pouco um santuário para eles nas terras para onde se dirigiram" (Ez 11,16)

Os profetas Ezequiel e Jeremias é que abriram novos caminhos para permitir à fé do povo de Israel sobreviver à prova da destruição do templo e à prova do exílio na Babilônia. Antes de tudo, foi necessário mostrar que o Deus de Israel não estava inteiramente ligado ao templo, o que quer dizer que ele não era apenas uma "divindade local". É o que dirá, por exemplo, Jeremias numa afirmação muito densa: "Acaso sou apenas o Deus do que está perto? – oráculo do Senhor –. Não sou também o Deus dos longínquos?" (Jr 23,23), para acrescentar: "Acaso eu não repleto o céu e a terra – oráculo do Senhor?" (Jr 23,24). O Deus de Israel, cultuado no templo de Jerusalém, é de fato o Deus do céu e da terra, o Deus do universo, como se canta no Salmo 95,4-5: "Ele segura em sua mão os precipícios da terra; os cumes das montanhas lhe pertencem. A ele o mar, foi ele quem o fez, e os continentes que suas mãos formaram!" Seu poder não se limita, portanto, a um território estreito, à cidade de Jerusalém ou ao reino de Judá.

O profeta Ezequiel dá um passo a mais, o que aliás nos faz voltar à teologia do Êxodo. O Deus que reside no templo é um Deus que pode se deslocar. Numa surpreendente visão da "glória do Senhor", isto é, de sua presença radiosa e eficaz no templo, o profeta Ezequiel descreve o que poderíamos chamar "o carro do SENHOR" (Ez 1,4-28). Sem entrar nos detalhes dessa descrição, bastante complexa, o profeta vê o SENHOR se deslocar, levado por seres alados que têm ao mesmo tempo o aspecto de um homem, de uma águia, de um touro e de um leão, o que quer dizer que eles têm, em combinação, as qualidades da humanidade, da rainha das aves, a águia; do mais possante dos animais domésticos, o touro; e do mais forte dos animais selvagens, o leão. O carro é munido de quatro rodas muito sofisticadas. Esse carro permite a Deus se deslocar, é por isso que sua "glória" pode deixar o templo (Ez 10,18-22) e a Cidade Santa (Ez 11,22-25) antes que tudo seja profanado e destruído. Aliás, nas últimas visões de Ezequiel, o profeta verá a "glória do SENHOR" retornar a Jerusalém e tomar de novo posse do templo que será reconstruído (Ez 43,1-12). Não é fácil interpretar essas visões, mas pelo menos um elemento essencial não pode escapar a uma leitura atenta. A "glória do SENHOR" tinha deixado o templo e a Cidade Santa para ir ao encontro do profeta Ezequiel e dos deportados no exílio, antes de poderem voltar a Jerusalém. O profeta insiste sobre o fato de que é a mesma a glória que ele tinha visto deixar o templo e a que lhe apareceu na Babilônia (Ez 10,21-22; 43,3). Quer dizer, em termos bem simples, que o Deus de Israel, ou melhor ainda, "a glória do SENHOR", pode mudar de lugar e ir ao encontro de seu povo no exílio. Lá, ele foi "um pouco um santuário para eles" (Ez 11,16). Os exilados não estão, portanto, abandonados por Deus. A presença dele, sua "glória", mudou de lugar e se encontra ao lado deles.

"Andei perambulando sob uma tenda" (2Sm 7,6)

Assim, estamos munidos das informações necessárias para compreender melhor a espiritualidade do Êxodo. Com efeito, o Deus de Israel, que fez seu povo sair da escravidão do Egito, vem residir no meio desse povo como soberano. Mas, ao contrário do que se passa nas culturas circunvizinhas, não se deve esperar que se funde um reino, que uma capital seja escolhida ou construída, nem, principalmente, que um templo seja edificado. Estamos ainda em pleno deserto, longe da Terra Prometida, bem antes da conquista da Terra por Josué, da tomada de Jerusalém por Davi e da construção do templo por Salomão. O povo de Israel vive no provisório do deserto e é lá que Deus vem ao encontro dele para morar, não num templo, mas numa tenda, igual às tendas de todos os israelitas. Deus escolhe uma morada semelhante às de todos os membros de seu povo. Ele se torna peregrino com os peregrinos, vivendo nas mesmas condições de viajante: "Pois não temos aqui embaixo morada permanente", como diz a epístola aos Hebreus (Hb 13,14). Será mais tarde, depois da entrada na Terra Prometida, que se realizará o que Moisés canta em seu cântico: "Tu o fazes entrar e o plantas sobre a montanha que é teu patrimônio. Preparaste, SENHOR, um lugar para nele habitares. Tuas mãos fundaram um santuário, ó SENHOR" (Ex 15,17).

Trata-se claramente de uma espécie de revolução teológica. De fato, o Deus do êxodo não menospreza as condições precárias da viagem. Nem menospreza participar da condição nômade de seu povo. Por isso, ele prefere uma tenda a um templo, o transitório ao definitivo. Em palavras bem simples, essa teologia do êxodo reinterpreta a espiritualidade do templo que encontramos nos salmos e lhe inverte o sentido. Se nos salmos o peregrino se dirige ao templo para aí "ver Deus", no livro do Êxodo é o santuário que vem caminhar com o povo de peregrinos para o termo definitivo da viagem. A peregrinação não consiste, portanto, em ir para um santuário, mas em acompanhar a tenda-santuário onde reside o Deus que se tornou peregrino com os peregrinos, viajante com os viajantes, nômade com os nômades.

Quando Davi conceber o projeto de construir um templo, uma morada estável para seu Deus em Jerusalém, Deus lhe envia o profeta Natan para o lembrar que ele prefere e sempre preferiu viver sob a tenda (2Sm 7,6-7):

> ⁶Em casa alguma residi desde o dia em que fiz subir do Egito os filhos de Israel até o dia de hoje. Andei perambulando sob uma tenda, abrigado numa morada. ⁷Durante todo o tempo em que caminhei com todos os filhos de Israel, porventura dirigi uma só palavra a uma das tribos de Israel que estabeleci, apascentando Israel, meu povo, para dizer: "Por que não me edificastes uma Casa de cedro?"

Tudo isso encontra seu arremate nesta frase, sem dúvida bem conhecida, porém talvez também não bem compreendida do prólogo do quarto evangelho: "E o Verbo se fez carne e habitou [lit.: *estabeleceu a sua tenda*] entre nós, e nós vimos a sua glória, glória essa que, Filho único cheio de graça e de verdade, ele tem da parte do Pai" (Jo 1,14). Encontramos aqui os dois elementos essenciais da teologia do Êxodo: a tenda e a glória. Com efeito, Ex 40,34 nos diz que no momento em que o santuário é concluído "A nuvem cobriu *a tenda* do encontro e *a glória* do SENHOR encheu a morada". A "glória", a presença ativa de Deus no meio de seu povo no Antigo Testamento, caminha com seu povo numa "tenda", num santuário portátil. No Novo Testamento, essa morada da "glória" de Deus é de agora em diante o Verbo encarnado, a carne de Jesus de Nazaré.

Em poucas palavras, percorremos uma grande parte da Bíblia para aí descobrir uma profunda espiritualidade, uma teologia ancorada em nossa humanidade. O livro do Êxodo relê outras páginas do Antigo Testamento para nos dizer que o Deus de Israel é um Deus mais ligado às pessoas do que a lugares. Ele tem, é certo, uma residência no templo de Jerusalém. Mas não está preso a esse templo. Ele se desloca para encontrar seu povo em exílio na Babilônia. Essa experiência é também a que está descrita no livro do Êxodo, experiência fundamental, porque é fundacional: o Deus de Israel antecipa sua presença no templo definitivo para vir habitar no meio de seu povo, para caminhar com ele no deserto e para o guiar sobre a estrada que leva à Terra Prometida. Deus não espera seu povo no fim da viagem; ele percorre o caminho com o povo. Deus é, ao mesmo tempo, o fim e o caminho.

11

A lei é prescritiva ou descritiva?

Tema 7

Antigo e Novo Testamento, oposição ou continuidade?

"Já não estais sob a lei, mas sob a graça" (Rm 6,14). Frequentemente, mas sobretudo em certos meios, a Lei do Antigo Testamento tem má reputação. Há um costume de lhe opor o espírito das bem-aventuranças e a "lei do amor" do evangelho. Entre os textos citados, volta muitas vezes a reflexão sobre a "lei do talião", que se encontra no evangelho de Mateus (Mt 5,38-42):

> [38]Ouvistes que foi dito: *Olho por olho e dente por dente.* [39]Eu, porém, vos digo: Não resistais ao mau. Pelo contrário, se alguém te esbofeteia na face direita, vira-lhe também a outra. [40]A quem quer conduzir-te ante o juiz para tomar a tua túnica, cede-lhe também o teu manto. [41]Se alguém te força a andar mil passos, anda com ele dois mil. [42]Dá a quem te pede; a quem quer pedir-te emprestado, não vires as costas.

Evidentemente, o texto é citado para demonstrar a superioridade do Novo Testamento sobre o Antigo. Qualquer leitor pouco crítico poderia perguntar, com um sorriso nos lábios, quantos cristãos observaram, ou ainda observam, esses preceitos evangélicos segundo a letra. Mas há algo ainda mais importante. O que é a lei do talião? "Talião" vem de uma palavra latina, "talis", que significa "tal". Originalmente, não se trata propriamente de uma lei, mas antes de um princípio de correspondência entre o delito e a sanção. Em outras palavras, a sanção deve ser proporcional ao delito, e a indenização deve ser proporcional ao prejuízo. Esse princípio já está presente nos antigos códigos mesopotâmicos, como no famoso Código de Hamurabi, rei de Babilônia, que reinou de 1792 a 1750 a.C., ou na Lei das Doze Tábuas, o primeiro documento de direito romano (451-449 a.C.), no qual aparece a palavra "talião". Tratava-se, antes de tudo, de introduzir um princípio jurídico para substituir a vingança pessoal, muitas vezes ilimitada. De fato, um golpe dado durante uma rixa podia dar origem a uma guerra sangrenta entre dois clãs, guerra que terminava em geral por falta de combatentes. A lei do talião constitui, portanto, um progresso no mundo jurídico. Por outro lado, é bem claro que ela não se aplica automaticamente, de maneira literal, apesar do que muitos dentre nós pensam. Baste citar o texto do livro do Êxodo, no qual aparece o princípio do talião pela primeira vez (Ex 21,23-27):

> [23][...] pagarás vida por vida, [24]olho por olho, dente por dente, mão por mão, pé por pé, [25]queimadura por queimadura, ferimento por ferimento, contusão por contusão. [26]E quando um homem ferir o olho de seu escravo ou de sua escrava e o cegar, deixá-los-á em liberdade, como paga por seu olho. [27]E se acaso arrancar um dente de seu escravo ou de sua escrava, deixá-los-á em liberdade, como paga pelo dente.

Uma vez enunciado o princípio, a lei traz duas aplicações concretas: quando um patrão bate num servo ou numa serva e lhe machuca o olho, não se diz que seja machucado o olho do patrão. A sanção é inesperada: o patrão deve dar liberdade a seu servo ou sua serva. O mesmo se deverá fazer se um patrão quebra o dente de um de seus servos ou de suas servas. O preço de um olho ou de um dente é, portanto, a liberdade. Isso significa pagar um preço grande pela integridade física dos domésticos, que na verdade eram escravos e escravas. Notemos também que servos e servas, homens e mulheres, são tratados exatamente da mesma maneira. Portanto, a lei do talião está bem longe de ser uma lei bárbara. Ao contrário, ela significa um verdadeiro avanço no exercício da justiça. O Novo Testamento dará mais um passo adiante, convidando a comunidade dos discípulos a ultrapassar os princípios de equivalência. Uma verdadeira vida de comunidade deve, é claro, respeitar as normas de equidade, mas é igualmente importante saber dar provas de generosidade. Não se trata, portanto, de substituir um sistema jurídico por outro, baseado sobre o amor espontâneo, mas de completar um sistema como algo que o supera, às vezes exigido pelas circunstâncias. Não esqueçamos que as primeiras comunidades cristãs formavam uma minoria bem pequena no seio do povo judeu e do império romano.

A natureza das leis do Antigo Testamento

Essa primeira reflexão nos leva a outra ainda mais fundamental. Espontaneamente, como acabamos de ver, os leitores contemporâneos pensam que as leis do Antigo Testamento eram aplicadas ao pé da letra. "Olho por olho" significaria, portanto, que se deve rebentar o olho daquele que se tornou culpável de tal delito. Mas não é assim. E o que dizer das outras leis que se encontram, por exemplo, na coleção chamada "código da aliança" (Ex 21–23)? A questão é muito discutida pelos especialistas. Seja como for, é possível chegar a algumas conclusões suficientemente sólidas nesse terreno.

Antes de tudo, é preciso se lembrar de que nossa concepção dos "códigos jurídicos" é bastante recente, pois ela vem dos códigos napoleônicos. Além disso, a ideia de que os juízes, por ocasião de seus julgamentos, invocam e aplicam o conteúdo de códigos escritos está longe de ser universal. No Reino Unido, por exemplo, as coisas funcionam de maneira muito diferente nesse campo. Não existem "códigos" semelhantes ao nosso código civil e penal. O princípio é o da jurisprudência: os juízes se conformam aos julgamentos pronunciados no mesmo domínio por seus colegas ou por seus predecessores, e o direito é o da "Common Law", o direito comum. Perguntamos agora: Como acontece tudo isso no mundo bíblico?

Em primeiro lugar, os códigos bíblicos estão longe de serem completos, menos ainda sistemáticos. Em nenhuma parte, por exemplo, encontramos um direito matrimonial. O direito familiar está quase inteiramente ausente, como também o direito comercial. Além disso, podemos constatar que os processos ou as sentenças emitidas por juízes e por assembleias raramente correspondem ao texto escrito das leis. É somente nos livros de Esdras e de Neemias, por exemplo, que encontramos a fórmula: "como está escrito na Lei de Moisés" (Esd 3,2; Ne 8,14; 13,1). E, mesmo nesses casos concretos, a correspondência entre a lei e a decisão tomada está longe de ser perfeita. O texto da lei é antes usado do que aplicado, e, em todo caso, é interpretado em função das circunstâncias.

Portanto, é preciso repensar o papel das coleções de leis que encontramos no Antigo Testamento e, em particular, o do código da aliança (Ex 21–23). A meu ver, o primeiro objetivo de tais códigos é de ordem teológica. Já vimos que o livro do Êxodo descreve o nascimento do povo de Israel bem antes de o povo possuir uma terra e uma monarquia. Mas ele se torna uma verdadeira "nação", uma "nação santa", como Deus mesmo afirma no texto de Ex 19,6: "Vós sereis para mim um reino de sacerdotes e uma nação santa". Ora, uma verdadeira nação vive segundo suas próprias leis e não segundo as de outra nação. Uma nação deve, portanto, ter uma legislação e uma organização próprias. Nesse quadro, a própria existência do "código da aliança" nos diz algo essencial: Israel é uma nação, uma verdadeira nação, e isso desde o início de sua existência, pois possui suas próprias leis, que remontam à permanência no deserto junto ao monte Sinai.

Numa palavra, tudo isso pode significar que o fato de possuir leis, e leis antigas, era uma prioridade para o antigo Israel. Ele tinha de dar essa prova a si mesmo, como também às outras nações, como o diz o Deuteronômio: "E que grande nação tem leis e costumes tão justos quanto toda esta Lei que hoje vos apresento?" (Dt 4,8). Israel pôs toda a sua ufania na Lei, como outras nações colocaram sua ufania em suas conquistas ou em sua arte e sua cultura. E o Israel que sobreviveu a todas as tragédias de sua história é também o Israel que quis ser fiel à sua Lei.

Um exemplo concreto: o manto do devedor
(Ex 22,25-26)

Mas isso ainda não nos diz de que natureza são as leis. Um exemplo nos servirá para melhor identificar o problema. Eis uma lei bem típica de nosso "código da aliança" (Ex 22,25-26):

> [25]Se tomares o manto de teu próximo em penhor, devolvê-lo-ás ao pôr do sol, [26]pois o manto que lhe protege a pele é o seu único cobertor. Em que deitaria? E se acontecer de ele clamar a mim, hei de ouvi-lo, pois sou compassivo.

Antes de tudo, notemos uma particularidade bem surpreendente: A lei é anunciada à segunda pessoa, coisa não habitual nos códigos de leis, sejam antigos ou modernos, pois costuma-se usar a terceira pessoa. A segunda pessoa faz parte da linguagem de exortação ou também da linguagem de educação, que encontramos nos livros sapienciais. Estamos num mundo pedagógico, tanto quanto no jurídico.

O presente caso é bem concreto. Um credor toma como penhor o manto de seu devedor, esperando ser reembolsado. A lei quer que ele devolva o manto ao devedor para a noite, porque é a única coberta dele. Pede-se, portanto, ao credor provar sua humanidade e não fazer valer seus direitos de maneira estrita e sem piedade. Este ponto é importante: as leis do Antigo Testamento estão impregnadas de uma grande sensibilidade humana.

Além disso, a lei não prevê nem processo nem sanção. Quem vai verificar se o credor de fato devolveu o manto a seu devedor? Quem lhe imporá um processo, se ele não observou a lei? Quem o julgará? E qual a sanção prevista em caso de infração? Nada disso está previsto na lei. Ao contrário, ela é dirigida à consciência do credor: como o teu devedor se protegerá durante a noite se ele não tem manto que lhe sirva de cobertor?

Em seguida, a lei passa a um argumento teológico, dando a palavra a Deus em pessoa: "E se acontecer de ele clamar a mim, hei de ouvi-lo, pois sou compassivo." O legislador é Deus. A queixa se eleva, portanto, a Deus, e a sentença vem de Deus. Em palavras muito simples, a lei põe o credor diante do tribunal de sua consciência, coloca-o diante de Deus.

Afinal de contas, essa lei apresenta um caso sem dúvida frequente na sociedade da época. De fato, um documento, um óstraco, que data mais ou menos de 610 a.C., contém a queixa de um ceifador endereçada a um oficial de justiça. O agricultor pede que lhe seja restituída uma veste que lhe foi confiscada por um contramestre, como parece, e sem razão aparente, pelo menos segundo os dizeres da queixa. É interessante constatar que os códigos de leis se ocupam com muita atenção de problemas próprios das classes inferiores da sociedade.

Vale a pena constatar aqui duas coisas importantes. Em primeiro lugar, a lei é incompleta, pois grande parte do processo continua de fato muito impreciso. Neste caso, como em muitos outros, é necessário fazer referência a outra coisa além dos textos escritos, para saber, por exemplo, quem intervirá para obrigar o credor a devolver o manto ao devedor. É aí que entra em jogo "o uso", "o costume" e o "direito usual", um direito tradicional, que se transmite oralmente de geração em geração.

Em segundo lugar, o tom exortativo da lei e o recurso a Deus no que concerne à sanção, nos fazem entrar num mundo um tanto diferente das nossas cortes de justiça. Trata-se mais de convencer que de constranger, mais de persuadir que de ameaçar. O primeiro fim desse texto de lei é educar para a justiça e a solidariedade, inculcar a cada membro do povo os valores fundamentais de uma vida em sociedade. Estamos mais próximos do mundo da sabedoria do que de um mundo dos "palácios de justiça" de nossas sociedades modernas. Eis, por exemplo, um provérbio que faz eco ao texto de Êxodo 22,25-26 que acabamos de ler e, sem dúvida, faz eco também a um outro princípio enunciado em Ex 23,6: "Não falsificarás o direito do teu pobre no seu processo". Trata-se do livro de Provérbios, 22,22-23:

> [22]Não despojes o indefeso: é um indefeso! Nem oprimas, no tribunal, o homem de condição humilde, [23]pois o SENHOR defenderá a causa deles, e despojará a vida dos que os despojaram.

O Sirácida dirá a mesma coisa ainda com mais ênfase (Sr 4,1-6):

> [1]Filho, não prives o pobre do seu sustento,
> nem deixes enlanguescer os olhos do indigente.
> [2]Não faças sofrer alguém com fome,
> nem exasperes um homem no seu despojamento.
> [3]Não atormentes mais ainda um coração exasperado,
> nem faças esperar teus benefícios a quem deles precisa.
> [4]Não repilas o suplicante em sua aflição,
> nem desvies do pobre o teu rosto.
> [5]Do indigente não desvies o olhar,
> nem lhe dês motivo para te maldizer.
> [6]Se te maldisser na amargura de sua alma,
> Seu Criador escutará sua oração.

Encontramos, por fim, o mesmo recurso à justiça divina. As semelhanças entre as leis e os conselhos de sabedoria mostram que estamos bem dentro do mesmo meio. Além disso, existem semelhantes paralelos entre as leis do código da aliança e o livro dos Provérbios. Por exemplo Ex 21,15 e Pr 19,26; cf. Pr 28,24; Ex 21,17 e Pr 20,20.

Em resumo, somos de fato obrigados a dizer que as leis bíblicas, em particular as leis do Êxodo, têm uma finalidade mais pedagógica que jurídica. Elas procuram o mais das vezes indicar um caminho a ser seguido, valores a serem partilhados e um comportamento a ser adotado. Por isso, não é surpreendente constatar que os processos não fazem referência aos textos escritos das leis, ou que as decisões tomadas não correspondem às normas que ali estão consignadas, ao menos antes do período de Esdras e Neemias.

"Põe-te logo de acordo com teu adversário" (Mt 5,25)

É certo que as leis pertencem ao mundo da jurisprudência, por isso elas têm em vista certa aplicação concreta. Mas qual? Essa é a questão. Com efeito, no tempo bíblico a justiça era administrada de maneira bem diferente do jeito de nossas atuais cortes de justiça. Antes de mais nada, a justiça era muitas vezes exercida pelos chefes de família, "junto à porta da cidade", isto é, na entrada da cidade, onde há espaço suficiente para se poder reunir uma assembleia (cf. Dt 21,19; 22,15; Is 29,21; Am 5,12.15; Jó 5,4; 31,21; Rt 4,1.11).

Isso significa que estamos num mundo mais privado que público, num mundo de pequenos povoados, onde o direito costumeiro era a base real da justiça e servia para reprimir os delitos ou para resolver conflitos. O "código da aliança" fala de fato sobre problemas de agricultores e de criadores. O comércio está totalmente ausente dessa legislação. Além disso, quase nunca se faz alusão a um juiz. Em Ex 21,22, por exemplo, fala-se de "árbitros", uma palavra difícil de ser traduzida. Em outros casos, os litigantes se referem ao "julgamento de Deus", procedimento esse que não é explicado, mas que, de novo, devia ser bem conhecido por todos naquele tempo (Ex 22,7.8; ver também 21,6).

O fato de a justiça ser exercida em praça pública, não em cortes oficiais de justiça, é confirmado pela seguinte passagem do livro dos Provérbios (Pr 25,6-10):

> ⁶Não banques o pretensioso diante do rei, nem te ponhas no meio dos grandes, ⁷pois é melhor que te digam: "Sobe aqui!" do que seres humilhado diante de um notável. O que os teus olhos viram, ⁸não te apresses a depor em processo, pois o que farias, afinal, se teu adversário te confundisse? ⁹Trata de tua causa com o adversário, mas não reveles confidências de um outro, ¹⁰para que, sabendo-o, não te recrimine e não consigas reparar tua falação.

"Trata de tua causa com o adversário", "Discute teu caso com teu opositor" (Pr 25,9), eis o conselho básico dessa série de avisos. Arranjai-vos entre vós antes de ir ao tribunal; é mais simples e menos arriscado. Certamente não é por acaso que encontramos conselhos semelhantes no evangelho de Mateus, um evangelho bem impregnado de cultura judaica (Mt 5,25-26):

> ²⁵Põe-te logo de acordo com teu adversário, enquanto estás ainda a caminho com ele; não aconteça que esse adversário te entregue ao juiz, e o juiz, ao policial, e sejas lançado na cadeia. ²⁶Em verdade, eu te digo: de lá não sairás enquanto não tiveres pago o último tostão.

Ou ainda Mt 18,15-17:

¹⁵Se acontecer que teu irmão peque, vai ter com ele e faze-lhe tuas admoestações a sós. Se ele te ouvir, terás ganho o teu irmão. ¹⁶Se não te ouvir, toma contigo mais uma ou duas pessoas para que toda a questão seja resolvida sob a palavra de duas ou três testemunhas. ¹⁷Se ele recusar ouvi-las, dize-o à Igreja, e se ele recusar ouvir a Igreja, seja para ti como o pagão e o coletor de impostos.

Concluindo, podemos dizer que a maior parte das leis contidas no código da aliança tinha por objetivo conseguir reprimir abusos e resolver conflitos no seio de uma sociedade agrícola e pastoril. Essas leis foram codificadas, depois de terem sido transmitidas oralmente durante gerações. Elas são o reflexo da prática comum e da de pequenos grupos que procuravam fazer justiça em seu próprio ambiente, antes de terem acesso a uma justiça oficial que dependia do rei. As leis ofereciam indicações, exemplos, casos concretos, resolvidos no passado e que continham informações úteis para resolver outros casos similares. É, portanto, bastante claro que o direito bíblico é menos prescritivo do que descritivo; ele apresenta casos concretos que servem de paradigmas para a jurisprudência.

12

"Desceste sobre a montanha do Sinai e lhes falaste do alto dos céus" (Ne 9,13)

Tema 8

A teofania do Sinai é certamente um dos textos mais espetaculares do livro do Êxodo. Essa descrição tem inspirado a muitos artistas, pintores, músicos e cineastas. Nosso objetivo é mais modesto. Queremos simplesmente dar algumas indicações para a leitura dos capítulos 19 e 20 do livro do Êxodo. A parte sobre a permanência de Israel junto ao monte Sinai é bem mais longa e termina, como já dissemos acima, no livro dos Números (Nm 10,11-13).

O Senhor, o do Sinai (Jz 5,5; Sl 68,9)

Uma primeira questão se refere à localização do monte Sinai, que desde a época do imperador Constantino (272-337) e de sua mãe Helena (248 ou 250-330), e sobretudo desde o imperador bizantino Justiniano (482-527), os peregrinos identificam com o Djebel Musa, não longe do mosteiro de Santa Catarina. Mas a maior parte dos exegetas desistiram de situar com exatidão o monte Sinai, também chamado Horeb no livro do Deuteronômio (cf. Ex 3,1; 17,6; Dt 5,2). É o caso principalmente da exegese judaica. De fato, é muito provável que haja uma séria vontade de fazer dessa montanha um lugar secreto e sagrado, inacessível e inviolável, de sorte que as tradições ligadas ao referido local misterioso estão envolvidas pelas mesmas qualidades. Para Israel, o Sinai é o lugar em que todas as suas instituições fundamentais lançam suas raízes. O tempo que o povo passou ao pé da montanha é um tempo fundacional e normativo. O essencial da identidade e da existência do povo de Israel foi fixado naquele momento. Era, pois, importante pôr esse tesouro ao abrigo de toda incursão estranha e de toda intervenção mal intencionada. Por isso, não é mais possível localizar o monte Sinai, como também não é mais possível tocar ou modificar o tesouro de tradições ligadas a esse lugar cercado de mistério, como a montanha era envolvida pela nuvem divina.

Somente podemos dizer que o Sinai está ligado ao deserto que traz seu nome, e que o Deus de Israel, o Senhor (Yhwh) tem uma ligação particular com essa montanha, segundo dois textos antigos, Jz 5,5 e o Sl 68,9, ambos designando o Senhor (Yhwh) como "o do Sinai".

A teofania do Sinai e o decálogo

O segundo problema é o da relação entre a teofania do Sinai, descrita com acentuados detalhes em Ex 19, e o decálogo de Ex 20,1-17. Em geral, todo mundo pensa que a teofania do Sinai culmina na proclamação do decálogo por Deus em pessoa diante de todo o povo reunido em assembleia e tremendo de medo. É difícil imaginar a cena de outro modo. É essa também a imagem que dela nos transmite o livro do Deuteronômio: "O SENHOR falou convosco face a face, sobre a montanha, no meio das chamas" (Dt 5,4; ver também 4,11-13). Mas, será que no livro do Êxodo também é assim? Podemos duvidar.

Uma primeira dificuldade vem da introdução do decálogo, que vem logo depois da descrição da teofania. Eis o texto do fim do capítulo 19 e o do início do capítulo 20, numa tradução bastante literal (Ex 19,25 e 20,1):

> [19,25]Moisés desceu para junto do povo e disse-lhes. [20,1]E Deus falou todas estas palavras [...].

A dificuldade do texto salta aos olhos. Em 19,25 temos a introdução de um discurso, mas nenhum discurso da parte de Moisés segue a essa introdução. É Deus que em seguida toma a palavra para proclamar o decálogo. É difícil compreender o texto assim como está e, na maior parte das vezes, as traduções usam pontos de reticência: "Moisés desceu para junto do povo e disse-lhes...". A Bíblia de Jerusalém (1977), por exemplo, ajunta em nota "A frase está inacabada; a narrativa foi interrompida pela inserção do Decálogo."

A segunda dificuldade está ligada à lógica da narração. Depois da proclamação do decálogo, o leitor espera uma reação do povo a essa proclamação solene (cf. Dt 5,23-31). Mas, eis o que lemos (Ex 20,18-21):

> [18]Todo o povo percebia as vozes, os relâmpagos, a voz da trompa e a montanha a fumegar. O povo via, tremia e se mantinha à distância. [19]Disseram a Moisés: "Fala-nos tu, e ouviremos, mas não nos fale Deus: seria a morte para nós!" [20]Moisés replicou ao povo: "Não temais! Pois Deus veio para vos provar, para que o seu temor esteja sobre vós e não pequeis." [21]E o povo se manteve à distância. Moisés, no entanto, aproximou-se da nuvem densa, onde estava Deus.

O povo reage a quê? É bastante claro que os fenômenos descritos nesses versículos correspondem exatamente à descrição da teofania dos v. 16-19 do capítulo 19:

> ¹⁶Ora, quando amanheceu o terceiro dia, houve vozes de trovão e raios, pesada nuvem sobre a montanha e som fortíssimo de trompa. No acampamento, todo o povo tremia. ¹⁷Moisés fez sair o povo ao encontro de Deus fora do acampamento. Ficaram parados bem ao sopé da montanha. ¹⁸O monte Sinai estava todo envolto em fumaça. Pois o SENHOR descera ao monte em meio ao fogo. A fumaça subia, como a fumaça de uma fornalha, e toda a montanha estremecia violentamente. ¹⁹O som de trompa tornou-se mais forte. Moisés falava e Deus lhe respondia na voz do trovão.

O povo ouve a *voz* do trovão, a *voz* da *trompa*, os raios e a fumaça. Mas não se trata de nenhum modo das *palavras* do decálogo. Aliás, pode-se passar diretamente de Ex 19,19 a Ex 20,18, pulando tudo que se encontra entre essas duas passagens, para termos um texto perfeitamente coerente e lógico. Ex 19,20-25 contém uma nova lista de medidas para impedir o povo de se aproximar da montanha, instruções que poderiam ter sido dadas antes; por exemplo, com as que Deus dá a Moisés em Ex 19,10-13. As instruções dos v. 20-25 são claramente um suplemento acrescentado mais tarde, em função das liturgias do templo. De maneira semelhante, o decálogo foi inserido neste lugar, onde ele inaugura toda a legislação do Sinai, como o decálogo do Deuteronômio inaugura toda a legislação deste livro (Dt 5,1-22).

As razões da inserção do decálogo na teofania do Sinai do livro do Êxodo muito provavelmente devem ser procuradas no livro do Deuteronômio. Na época em que os textos bíblicos foram copiados e compilados para formar a "biblioteca" que conhecemos, os escribas tinham a tendência de fazer corresponder as narrativas do Êxodo com a versão que delas dá o livro do Deuteronômio. De fato, um leitor curioso poderia estranhar que Moisés descreva no Deuteronômio uma teofania no Horeb onde Deus proclama um decálogo, quando o livro do Êxodo não tem nenhum traço disso, pois imagina-se que Moisés seja como um repórter que relata no Deuteronômio exatamente tudo o que aconteceu durante os quarenta anos no deserto. É por essa razão que a narrativa do Êxodo foi completada. Essa tendência se acentua ainda mais no Pentateuco samaritano, o qual acrescenta, por exemplo, uma parte do texto de Dt 5,24-31, e mesmo de Dt 18,18-22 (o anúncio de um profeta semelhante a Moisés), ao texto de Êxodo 20. É também o caso dos fragmentos do Êxodo encontrados em Qumran.

No capítulo 18 do Êxodo, o Pentateuco samaritano insere igualmente na perícope, depois de Ex 18,24, uma grande parte do texto de Dt 1,9-18, pois os dois textos falam da instituição de juízes para auxiliar Moisés em sua tarefa. A inserção do decálogo não é, portanto, absolutamente, um caso único na Bíblia e nas tradições bíblicas paralelas, como as de Qumran e do Pentateuco samaritano.

Um último detalhe interessante. A versão do decálogo de Ex 20,1-17 não é uma "cópia autêntica" do catálogo de Dt 5,6-21. No mundo antigo, copiar nunca significa fotocopiar. Os escribas aproveitaram a ocasião para introduzir certas mudanças, umas mínimas, outras mais consistentes. A mudança mais visível concerne ao mandamento do sábado. No Deuteronômio, é a libertação da escravidão do Egito que fornece sua justificação, muito compreensivelmente aliás. O sinal da liberdade conquistada ao sair do Egito é o fato de que todos os cidadãos de Israel têm direito a um dia feriado por semana (Dt 5,12-15). No livro do Êxodo, ao contrário, é o repouso do próprio Deus no sétimo dia da criação que justifica o sábado. A justificação não provém mais da história de Israel, mas está fundada na própria ordem do universo (Ex 20,8-11). É outro sinal de uma intervenção posterior. A relação entre o sábado e a libertação da escravidão egípcia é imediata e bem fundada no contexto. A relação entre o sábado e a criação, mesmo se ela nos é mais conhecida, é menos imediata, pois liga o Êxodo ao início do Gênesis e supõe um conhecimento mais aprofundado das tradições bíblicas, o que muitas vezes é sinal de uma elaboração textual mais recente. Há também uma tendência natural a dar mais importância a certas instituições, como o sábado. O fato de o ligar à própria criação faz parte dessa tendência.

Concluindo, a teofania do Sinai é um texto que foi remanejado diversas vezes. Ele contém uma teofania que sanciona com sua autoridade toda a legislação fundamental de Israel. Mas o texto foi reelaborado, especialmente para introduzir nele o decálogo, que originalmente não fazia parte dessa perícope, mesmo que isso possa causar surpresa a muitos de nós.

"De suas narinas subiu uma fumaça, de sua boca, um fogo devorador com brasas ardentes" (Sl 18,9)

Mas, o que nos mostra a teofania do Sinai? Eis a questão que devemos abordar agora. As explicações mais comuns são de dois tipos: ou se trata de uma erupção vulcânica, ou de um temporal, ou ainda de uma combinação desses dois fenômenos. A interpretação se torna ainda mais complexa pelo fato de que diversas mãos parecem ter trabalhado nessas páginas. Entretanto, não é exagerado dizer que a descrição é muito densa e que se trata antes da descrição estilizada de um impressionante furacão nas montanhas. O trovão, os raios, a espessa nuvem são os elementos característicos de tal fenômeno. Com efeito, o único elemento que poderia fazer pensar numa erupção vulcânica é o tremor de terra (Ex 19,18). Sabemos que os furacões fazem tremer o solo nas montanhas. Último detalhe, decisivo: numa erupção vulcânica, o fogo sobe da cratera. Ora, segundo Ex 19,18, Deus *desce* no fogo. Por conseguinte, é melhor ver nesse fogo os raios que saem da nuvem e atingem a montanha.

Semelhantes descrições de tempestades estão muitas vezes ligadas às manifestações de Deus na Bíblia, como também em todo o Oriente Próximo antigo. É o caso do Sl 18,8-15; 29; 68,8; 77,18-19; 97,3-5; ou ainda Jz 5,4-5; Hab 3,3-15. Tais fenômenos atmosféricos são às vezes verdadeiramente impressionantes, provocam medo e até mesmo terror (Ex 20,18). Há, entretanto, um ponto importante que merece ser sublinhado. Nessa descrição, há uma palavra que volta com mais frequência que outras: é a palavra "voz", que volta cinco vezes nesses versículos (cf. Ex 19,16[2x]. 19[2x]; 20,20). Mais: "Moisés falava, e Deus lhe respondia na voz [do trovão]" (Ex 19,19). A "voz" é também a de um diálogo. O Deus do Sinai não é apenas o Deus do furacão, como poderia ser o Baal de Ugarit, por exemplo. Deus fala, se expressa e se comunica com Moisés, como fará com seu povo (Ex 20,1). Passamos do mundo natural ao mundo cultural, de uma demonstração de poder à revelação de uma vontade. Era, portanto, fácil de passar da "voz" dessa teofania às "palavras" do decálogo (Ex 20,1).

Em poucas palavras, a teofania do Sinai usa as imagens bíblicas e orientais ligadas à manifestação da divindade na tempestade para introduzir a ideia de um Deus cuja "voz" comunica sua vontade a seu povo.

"A justiça e o direito são as bases do seu trono" (Sl 89,15; 97,2)

Mas, por que colocar toda a legislação de Israel sob o decálogo, como sob um arco? Quais são os elementos que permitem fazer do decálogo algo como o bloco angular da identidade de Israel? Certamente não é possível oferecer em algumas linhas um estudo completo de um texto que teve, e ainda tem, enorme influência sobre a vida cultural e sobre o mundo jurídico de nossas civilizações. Quero sublinhar somente quatro pontos.

Em primeiro lugar, é importante notar que o decálogo é comunicado ao povo por Deus mesmo. Não há intermediário, nem Moisés (exceto Dt 5,5, sem dúvida um acréscimo posterior). Ora, no Próximo Oriente antigo as leis são evidentemente de origem divina, mas elas são sempre confiadas pela divindade aos soberanos, o que aliás legitima o poder deles. Em Israel não é assim. A maior parte das leis serão transmitidas por Deus a Moisés, que, por sua vez, as transmitirá ao povo. O fundamento do direito, entretanto, dispensa mesmo a mediação de Moisés. O objetivo disso é retirar o direito de uma instituição fundamental no Próximo Oriente antigo, que era a monarquia. Em Israel, a existência do povo, em particular sua legislação, não depende dessa instituição, isto é, da monarquia. Há um Código de Hamurabi na Mesopotâmia, como há outros códigos de leis promulgadas por reis. Mas não existe um "código de Davi", ou um "código de Salomão" em nossa Bíblia. Ao contrário, há a "Lei de Moisés", muito mais antiga que o rei Davi ou o rei Salomão. Isso também quer dizer, e é de capital importância, que as leis de Israel, mais antigas que a monarquia, poderão sobreviver ao fim da monarquia. As leis de Israel sobreviverão porque têm um fundamento bem mais sólido que a instituição humana da monarquia: elas são proclamadas pelo próprio Deus.

Em segundo lugar, não se deve esquecer, como já dissemos, que o decálogo, e por conseguinte toda a legislação de Israel, começa não por um imperativo, mas por um indicativo, pela recordação de um acontecimento fundador, o êxodo, a libertação da escravidão do Egito por obra de Deus: "Eu sou o SENHOR teu Deus, que te fez sair da terra do Egito, da casa da servidão" (Ex 20,2). A autoridade de Deus sobre seu povo vem dessa ação salvífica, que se torna a pedra angular da existência de Israel. A experiência do êxodo, da liberdade, precede todas as exigências da lei, e sem ela as exigências da lei perdem seu sentido.

Em terceiro lugar, o decálogo funda a existência do povo e sua própria sobrevivência sobre o direito. Isso quer dizer que essa existência não depende de uma instituição como a monarquia ou o culto do templo, menos ainda de alianças com outras potências ou da garantia de um poderoso exército. Em primeiríssimo lugar, ela depende de uma lei que tem origem divina, não humana. Daí as exigências de Deus que precedem as ordenações sociais. O verdadeiro garantidor do direito em Israel é Deus em pessoa.

Enfim, em último lugar, notemos quais são os valores humanos presentes no decálogo. Como acabamos de ver, o direito de Israel dá o primeiro lugar a Deus, o que quer dizer que o direito está fundado no absoluto, por isso não depende dos avatares da história, do "relativo". Mas os outros valores protegidos pelo decálogo também estão fundados no absoluto: o sinal da liberdade que é o sábado, um direito que não depende, por exemplo, do sexo ou da condição social; o respeito aos pais; a sacralidade do matrimônio; o respeito por tudo aquilo que toca à dignidade da pessoa e às condições de uma vida decente.

Acrescentemos que o mandamento que muitas vezes é traduzido por "Não furtar" (Ex 20,15) é traduzido com mais exatidão, como na TEB, por "Não raptarás", quer dizer: não te apoderarás de pessoas para reduzi-las à escravidão, o que fizeram, por exemplo, os irmãos de José (Gn 37). "Não prestarás testemunho mentiroso contra teu próximo" (Ex 20,16) significa: "não procurarás prejudicar a teu próximo, apresentando um falso testemunho", nem sobretudo "Não procurarás te desembaraçar do teu próximo, levantando contra ele um falso testemunho", o que foi feito no episódio da vinha de Nabot (1Rs 21).

Enfim, o último mandamento, "Não cobiçarás a casa de teu próximo. Não cobiçarás a mulher de teu próximo, nem o seu servo, sua serva, seu boi ou seu jumento, nada do que pertença a teu próximo" (Ex 20,17), contém uma lista dos elementos indispensáveis para uma vida digna e decente. Sem dúvida, os diversos elementos têm valores e importâncias diferentes: uma esposa, o servo e a serva, o boi e o jumento, a propriedade. O texto, claro, está escrito do ponto de vista de um proprietário de certa comodidade, não do ponto de vista, por exemplo, dos empregados. Roubar um jumento ou um boi bem provavelmente significava, ou podia significar, reduzir esse proprietário à miséria. Moisés e Samuel afirmarão que eles nunca se apropriaram do jumento de seu próximo (Nm 16,15; 1Sm 12,3), o que mostra bem que os dirigentes poderiam ser tentados a fazê-lo. Conforme Ex 21,37, se alguém rouba um boi e o abate ou vende, deverá dar cinco bois em compensação por seu delito. Trata-se, por conseguinte, de um delito bem grave.

Concluindo, a teofania do Sinai coloca os fundamentos da existência de Israel sobre o direito e a justiça, e esses fundamentos são colocados pelo próprio Deus. Estamos no mundo do absoluto, e não do relativo. A teofania do Sinai, que serve de enquadramento para essa proclamação, descreve de maneira tradicional um furacão que permite a Deus fazer entender sua "voz" e proclamar suas "palavras", suas vontades, a seu povo.

13

Reuni os meus fiéis, que fizeram aliança comigo através de um sacrifício (Sl 50,5)

Tema 9

Um dos grandes temas abordados pelo livro do Êxodo é o da aliança. Não é possível tratar de todos os aspectos dessa questão, nem de toda a narrativa da teofania do Sinai (Ex 19–24) nesta breve introdução. Desejo, contudo, dizer duas palavras sobre o texto importante que encontramos em Ex 24,1-11. Na realidade, trata-se de dois relatos embutidos um no outro, como já vimos. O primeiro relato, Ex 24,1-2.9-11, fala de uma subida ao monte Sinai de um grupo de pessoas escolhidas que termina numa refeição na presença de Deus no cume do monte. O segundo, enquadrado pelo primeiro, descreve uma cerimônia de aliança de Deus com todo o seu povo sobre a base de um livro, ou um rolo, em que Moisés tinha consignado todas as palavras de Deus, isto é, sua lei.

"Nós que comemos com ele e bebemos com ele após a sua Ressurreição dentre os mortos" (At 10,41)

O relato de Ex 24,1-2.9-11 conclui com uma refeição de alguns privilegiados, Moisés, seu irmão, o sacerdote Aarão, os dois filhos dele, Nadab e Abihu, e mais setenta anciãos. É uma refeição em presença de Deus, a quem eles podem contemplar sem perigo (Ex 24,10-11):

> [10]Viram o Deus de Israel, e sob os seus pés havia algo como um pavimento de lazulita, de uma limpidez semelhante ao fundo do céu. [11]Ele não ergueu a mão contra esses privilegiados filhos de Israel. Contemplaram a Deus, comeram e beberam.

O sentido desse relato elíptico não é simples. Uma das interpretações mais lógicas, me parece, é ver nele uma cena de investidura de duas instituições fundamentais do antigo Israel: a do sacerdócio de Aarão e a dos "anciãos". Conforme o texto, essas duas instituições remontam à época de Moisés e sua legitimidade é confirmada pela visão de Deus e a refeição em sua presença. Essas duas instituições são fundamentais na história de Israel, sobretudo após o fim da monarquia. Do mesmo modo como a fé, elas poderão sobreviver aos reis, porque são mais antigas. De fato, elas remontam às origens do povo no deserto, junto ao monte Sinai.

Nesse contexto, "Ver Deus" significa fazer parte da corte celeste, como "ver o rei" significa fazer parte do conselho do rei ou fazer parte de seu círculo imediato. Não ter a possibilidade de "ver a face do rei" significa, ao contrário, cair em desgraça diante dele. É o caso de Moisés que é mandado embora definitivamente pelo faraó em Ex 10,28-29: "'Some daqui! Guarda-te de ver a minha face. No dia em que voltares a ver a minha face, hás de morrer!' Moisés respondeu: 'Seja como disseste! Não voltarei a ver a tua face!'". Quando Absalão, filho de Davi, cai em desgraça, "retirou-se para sua casa e não compareceu [mais] à presença do rei [Davi, seu pai]" (2Sm 14,24.28.32).

Essa imagem é aplicada ao mundo divino. Assim, o verdadeiro profeta é alguém que "vê a Deus", que pode aparecer em sua presença e assistir ao conselho divino. É o caso de Isaías que afirma ter "visto o SENHOR, sentado sobre um trono alto e excelso" (Is 6,1). Ou ainda Miqueias, filho de Iimlá – diferente do profeta do mesmo nome – que afirma, diante dos reis Acab e Josafat: "Vi o SENHOR sentado em seu trono" (1Rs 22,19). Ou também Elias que se autodefine como aquele "que está diante do Senhor", porque faz parte de seu conselho e por isso pode falar em seu nome (cf. 1Rs 17,1; 18,15; e, para Eliseu, cf. 2Rs 3,14; 5,16). O profeta Jeremias fustigará os falsos profetas que falam sem ter assistido ao conselho divino (Jr 23,18.22).

No Novo Testamento, São Paulo, por exemplo, insiste sobre o fato de que as testemunhas da ressurreição são aquelas a quem o Cristo ressuscitado apareceu (1Cor 15,3-8). Aqueles que "viram" são testemunhas legítimas. "Ver" é, portanto, a condição necessária para ser testemunha autêntica. É também isso que se realiza sobre o monte Sinai: os sacerdotes, filhos de Aarão, e os anciãos são justificados em sua função no seio do povo de Israel pela "visão" que tiveram de Deus.

A refeição tem a mesma função. Comer à mesa de um rei equivale a fazer parte de sua família ou de seus próximos e, por isso, a participar do poder ou a gozar de privilégios. É o caso, por exemplo, de Davi, que podia comer à mesa de Saul (cf. 1Sm 20,29), de Mefibôshet, filho de Saul e protegido de Davi (cf. 2Sm 9,13; 19,29), ou ainda de Barzilai, um dedicado partidário de Davi (1Rs 2,7), e os prefeitos do rei Salomão (1Rs 5,7). O rei de Judá, Ioiakin, levado ao exílio na Babilônia após a rendição de Jerusalém em 597 a.C., vê sua sorte mudada totalmente quando é admitido à mesa do rei de Babilônia: "[O rei de Babilônia, Evil-Merodak] fê-lo abandonar suas vestes de prisioneiro, e Ioiakin passou a tomar suas refeições constantemente na presença do rei, enquanto durou sua vida" (2Rs 25,29 = Jr 52,33).

Frequentemente, Deus é representado como um rei que admite certos privilegiados à sua presença, os quais podem por isso também comer em sua presença. É o caso de Ex 24,10-11. No Novo Testamento, as testemunhas autênticas e legítimas do evangelho são os discípulos "que comeram e beberam com ele [Jesus de Nazaré] após a sua ressurreição" (At 10,41).

O breve relato de Ex 24,1-2.9-11 nos faz, portanto, assistir a uma cena de investidura, no momento solene em que os grandes dignitários de Israel são admitidos à presença do SENHOR, o único verdadeiro soberano de Israel. Eles são legitimamente investidos do poder, que o leitor conhece bem e que é atestado, entre outros, no Novo Testamento, pois o Sinédrio é composto de sumos sacerdotes, descendentes de Aarão e de anciãos (Mt 21,23; 26,3.47; 27,1.12.20; At 4,23; 23,14; 25,15). Trata-se da autoridade suprema no judaísmo da época, e essa autoridade, conforme nosso texto, remonta à época fundacional de Israel, no deserto do Sinai.

"Moisés escreveu esta lei" (Dt 31,9)

A segunda narrativa, que ocupa a parte central de nosso texto (Ex 24,3-8) é de outra natureza, pois concerne a todo o povo e não somente a um grupo de privilegiados. É possível distinguir duas partes nessa "liturgia da aliança". Uma primeira parte poderia ser intitulada de "liturgia da palavra". De fato, ela descreve todas as etapas que partem da proclamação da palavra de Deus, sua escrituração e sua leitura, até a resposta dos ouvintes. Moisés desce da montanha, comunica fielmente ao povo as palavras de Deus que ele escutou sobre a montanha, e o povo responde a essa primeira proclamação dizendo que se compromete a obedecer a essas "palavras" (Ex 24,3). Então Moisés põe essas palavras por escrito. Segue a segunda parte da cerimônia, a "liturgia do sangue". Uma parte do sangue é aspergida sobre o altar, o qual em geral é o elemento que representa Deus (Ex 24,5-6). Em seguida, Moisés lê o livro ou o rolo no qual tinha consignado todas as "palavras" do SENHOR. O povo que escutou repete seu engajamento de pôr em prática todas essas palavras, e além disso se engaja a ouvi-las (Ex 24,7). Esse segundo engajamento tem sua importância: significa que o povo, que escutou Moisés transmitindo-lhe as palavras do SENHOR, confirma que o livro contém as mesmas palavras. Há, portanto, identidade entre as palavras que Deus transmitiu a Moisés e que Moisés transmitiu ao povo, e as palavras que estão escritas nesse livro. Ou seja, de agora em diante, as "palavras do Senhor" devem ser procuradas nesse livro escrito por Moisés em pessoa. É justamente por isso que o povo diz: "Nós ouviremos", o que quer dizer que todos ouvirão as palavras do Senhor escritas no livro cada vez que ele for lido.

Depois dessa leitura e desse compromisso do povo, Moisés asperge o povo com a outra parte do sangue, para selar definitivamente a aliança entre Deus e seu povo, sobre a base das "palavras do SENHOR" escritas no livro (Ex 24,8).

A liturgia da palavra, ou do livro – em realidade um rolo – tem uma função especial, porque põe o leitor diante de sua própria situação. O livro que é lido é conhecido, pois se trata do livro que o leitor tem em mão ou do qual ele escuta a leitura, o livro que contém a Lei de seu Deus, transmitida, redigida e lida por Moisés em pessoa. Além disso, o leitor assiste a essa leitura e vê como o povo lhe responde. Fica então uma coisa para ele fazer, a saber, ele mesmo formular sua resposta à leitura do texto que ele tem em mãos. Ele tem como modelo a resposta do povo de Israel ao pé do Sinai no início de sua história.

Quanto à liturgia do sangue, não é fácil explicá-la. Ela se sobrepõe à liturgia da palavra e do livro. Além disso, sem dúvida ela tem mais que apenas uma significação. Fica claro que o paralelo mais próximo é o da consagração dos sacerdotes. Lá também, uma parte do sangue é aspergida sobre o altar e outra parte serve para consagrar Aarão e seus filhos (Ex 29,12.16.20-21; Lv 8,15.19.23-24.30). O sangue é sagrado e serve para consagrar. Se os sacerdotes são consagrados e participam, por isso, da sacralidade do altar e do sangue, vale o mesmo para o povo, que é todo ele consagrado e por esse motivo se torna, como Deus o havia prometido em Ex 19,6, "um reino de sacerdotes e uma nação santa".

Essas duas expressões, reino de sacerdotes e nação santa, definem Israel de uma maneira bem precisa. Assim como os sacerdotes estão a serviço de Deus no santuário, em nome de todo o povo, Israel é a nação escolhida por Deus entre todas as nações para estar a serviço particular de Deus: "sereis minha parte pessoal entre todos os povos – pois a terra inteira me pertence" (Ex 19,5). Deus é o soberano de toda a terra, mas ele tem um domínio particular e um pessoal a seu serviço exclusivo, como um rei possui um "domínio real", um conselho, ministros e um pessoal a serviço de seu palácio.

Pelo rito do sangue, Deus estabelece uma relação vital, existencial, entre ele mesmo e seu povo. "A vida está no sangue", diz Lv 17,11. Deus faz de Israel uma nação consagrada a seu serviço, portanto, uma "nação santa". Dessa relação depende, de agora em diante, a existência do povo de Israel como povo de Deus. Daí a condição *sine qua non* dessa relação: observar a Lei consignada por escrito por Moisés.

Em poucas palavras, o ritual de Ex 24,3-8 une dois elementos fundamentais da religião de Israel, um rito ligado ao sangue e um rito ligado ao livro. O livro contém o ensinamento que permitirá a Israel ser fiel à sua vocação de "parte pessoal" (Ex 19,5), de "reino sacerdotal e nação santa" (Ex 19,6) a serviço de seu Deus. O sangue, por sua vez, é o elemento do culto que consagra o povo, para fazer dele um povo sacerdotal, cuja função primeira é o "serviço de Deus". Isso significa que todos os membros do povo de Israel participam desse sacerdócio e que todas as atividades do povo fazem parte da liturgia, do serviço divino. Isso será tratado detalhadamente em grande parte nos livros seguintes da Bíblia, principalmente no Levítico.

14

A recepção do livro do Êxodo

Qual foi a história posterior do livro do Êxodo no mundo hebraico e no cristianismo? Eis um tema bem vasto e difícil de resumir em alguns parágrafos.

O Êxodo no Antigo Testamento

O êxodo é certamente um tema central já no Antigo Testamento, uma das bases da fé do povo de Israel, como diz, por exemplo, Oseias: "Mas eu sou o SENHOR, teu Deus, desde a terra do Egito" (Os 12,10; 13,4). Essa convicção sustenta também a esperança de um novo êxodo após o exílio na Babilônia (cf. Jr 16,14-15; 23,7-8; Is 43,16-21). Enfim, os Sábios convidam a tirar as lições desses acontecimentos nas meditações sobre o papel de Moisés (Sr 45,1-5) e de Aarão (Sr 45,6-22) ou dos acontecimentos da saída do Egito (Sb 10-19). Lembremos também as acerbas reflexões de Ezequiel 20, as dos Salmos 78, 105, 106 e 114, ou ainda as de Neemias 9,9-21, dentre muitas outras lembranças e alusões.

O Êxodo no Novo Testamento

No Novo Testamento, o êxodo está presente de quatro maneiras principais. (1) Antes de mais nada, encontramos citações literais de textos, como, por exemplo, o decálogo (Mt 5,21.27.33; 19,18-19 e trechos paralelos; Rm 7,7; Ef 6,2...); mas as citações não são sempre exatas nem literais. (2) Em segundo lugar, o Novo Testamento evoca os acontecimentos do êxodo. A evocação mais longa está no discurso de Estêvão nos Atos dos Apóstolos 7,17-44, que termina com esta acusação: "Homens de dura cerviz, incircuncisos de coração e de ouvidos, vós sempre resistis ao Espírito Santo; nisso, vós sois bem semelhantes aos vossos pais" (At 7,51). Outras passagens são mais curtas (cf. Jo 6,31-34; 1Cor 10,1-7; 2Cor 3,17-18; Hb 8,5-6; 11,23-28...). (3) Em terceiro lugar, encontramos numerosas evocações ou alusões indiretas. Basta um só exemplo. Na narrativa da última ceia, as palavras de Jesus de Nazaré: "Isto é meu sangue, o sangue da aliança" (Mt 26,28) fazem referência à aliança do Sinai, concluída por Moisés em Ex 24,8: "Este é o sangue da aliança [...]". É sobretudo no Apocalipse que encontramos numerosas alusões ao êxodo, mas seguramente não tem o monopólio sobre ele. (4) Enfim, o Novo Testamento utiliza com abundância os relatos do êxodo em sua "tipologia". Personagens e acontecimentos do Novo Testamento são descritos com traços tirados do livro do Êxodo. Os primeiros capítulos de Mateus (Mt 1–7), por exemplo, retomam numerosos elementos do êxodo: opressão do faraó e opressão de Herodes, descida ou fuga para o Egito, retorno do Egito, provas no deserto, leis e ensinamentos sobre a montanha. Entretanto, o leitor poderá perguntar se sobre a figura de Moisés não se sobrepõe a figura de Josué – Josué e Jesus são duas formas do mesmo nome, uma hebraica e outra aramaica, e significa "o Senhor salva" (cf. Mt 1,21). No evangelho de Lucas, é a figura de Elias que mais vezes serve de modelo para descrever a atividade do Salvador do que a figura de Moisés. Por exemplo, na transfiguração, Jesus de Nazaré fala de seu "êxodo" com Moisés e Elias (Lc 9,10) e, quando ele toma o caminho de Jerusalém, é para ser "arrebatado" como Elias (Lc 9,51; cf. 2Rs 2,9-11).

Já vimos que o evangelho de João retoma os grandes símbolos do êxodo para os aplicar à encarnação: "O Verbo se fez carne e habitou (lit.: estabeleceu a sua tenda) entre nós e nós vimos a sua glória, glória essa que, como Filho único cheio de graça e de verdade, ele tem da parte do Pai" (Jo 1,14). A tenda e a glória são os dois elementos essenciais da presença de Deus no meio de seu povo, um Deus que se torna nômade no meio dos nômades. Entre todos os temas do êxodo abordados pelo evangelho de João, assinalemos o maná (Ex 16), que serve de pano de fundo ao discurso sobre o pão da vida (Jo 6). Assinalemos igualmente toda a espiritualidade da Páscoa que impregna os discursos após a ceia e os relatos da paixão. A morte e a ressurreição de Jesus de Nazaré são entendidas como a passagem deste mundo ao Pai, uma "Páscoa". Jesus realiza, portanto, um êxodo, e um êxodo definitivo, no momento de sua "glorificação" (cf. Jo 13,31-32). No evangelho de João, o simbolismo da Páscoa é estendido para muito longe. Por exemplo, Jesus de Nazaré é crucificado no momento em que os cordeiros são sacrificados no templo para a Páscoa (cf. Jo 18,28; 19,14.42). Além disso, a citação da Escritura, em Jo 19,36, "Nenhum de seus ossos será quebrado" faz referência tanto ao Sl 34,21, como sobretudo a uma prescrição da Páscoa que mandava não se quebrar nenhum dos ossos do cordeiro pascal (Ex 12,46; Nm 9,12). Tudo isso, para dizer que o evangelho de João convida a identificar Jesus de Nazaré, crucificado, com o cordeiro pascal, cujo sangue tinha protegido os Hebreus do anjo exterminador (Ex 12,7.13; ver também Jo 1,36).

Resumindo, o livro do Êxodo fornece ao Novo Testamento vários recursos, seja por citações explícitas, referências ao evento fundacional da história de Israel ou por alusões ocultas, seja, enfim, ao interpretar os grandes momentos da vida de Jesus de Nazaré à luz das figuras e dos acontecimentos do êxodo.

O Êxodo no Judaísmo

No Judaísmo, o êxodo ocupa um lugar central, talvez mais em razão da legislação que dele deriva do que em razão dos relatos. Mas estes continuam também, evidentemente, no centro do credo de Israel (cf. Dt 6,20-25; 26,1-10; Js 24,1-13; Jz 11,15-26; 1Sm 12,8-11; 2Sm 7,6-7; 1Rs 6,1). É sobretudo a festa da Páscoa que permite aos membros do povo de Israel se lembrar desse acontecimento central para sua fé e para sua existência. A significação da liturgia da Páscoa, o *seder*, está bem resumida nesta frase: "Em cada geração, cada um deve considerar a si mesmo como se ele tivesse saído do Egito, como está dito: 'Contarás a teu filho nesse dia que é por isso que o Eterno agiu em meu favor quando saí do Egito'". Na realidade, é sobretudo o texto de Dt 26,6-9 que é explorado pela liturgia judaica, mais que o texto do livro do Êxodo.

Outro elemento significativo dessa liturgia é a parte intitulada *Dayénu*, "Isso nos teria bastado". O texto contém uma enumeração dos benefícios de Deus em favor de seu povo por ocasião do êxodo, que começa assim: "Se [o Senhor] nos tivesse feito sair do Egito, e não tivesse executado um julgamento contra [os Egípcios] – *Dayénu*, isso nos teria bastado!" A fórmula se repete cada vez e o todo é concluído por esta prece:

> Quanto mais também devemos ser reconhecidos para com o Onipresente pela bondade dobrada e redobrada que ele exerceu sobre nós; pois ele nos fez sair do Egito e exerceu julgamentos contra eles e contra seus ídolos, e executou todos os primogênitos deles, nos deu sua riqueza, dividiu o mar para nós, e nos fez atravessá-lo sobre terra enxuta, e afogou nossos opressores, e veio em socorro de nossas precisões no deserto durante quarenta anos, e nos alimentou (com) o Maná, e nos deu o Shabbat, e nos reuniu diante do Monte Sinai, e nos deu a Torá, e nos fez entrar na Terra de Israel, e nos construiu o *Beth-Habe'hirah* [o templo] para resgatar todas as nossas faltas.

Entre os grandes comentadores judeus do Êxodo, Fílon de Alexandria (25 a.C. – 45 d.C. aprox.), faz uma releitura das Escrituras, utilizando elementos da filosofia platônica, especialmente em sua *Vida de Moisés* ou em seu tratado sobre o decálogo. Em sua obra *Questões sobre o Êxodo*, sua exegese chega a ser mais literal. De qualquer modo, ele não esquece a alegoria, particularmente quando vê na subida de Moisés ao monte Sinai a subida da alma ao lugar inacessível. É essa, com efeito, a etimologia do nome Sinai, proposta por Fílon.

Flávio Josefo (37-100) parafraseia o livro do Êxodo em sua obra *Antiguidades Judaicas* e acrescenta, entre outras coisas, numerosos detalhes a propósito da juventude de Moisés, segundo o modelo das biografias dos heróis gregos. Moisés, por exemplo, conduz uma longa expedição vitoriosa contra a Etiópia, e é de lá que ele traz sua mulher "cuchita", filha de um rei etíope, a qual se tinha enamorado do herói bíblico (cf. Nm 12,1).

Os episódios do livro do Êxodo deram origem a uma série de relatos anedóticos, recolhidos, em grande parte, no que se chama o *Midrash Rabba sobre o Êxodo*, chamado também com esse nome na tradição judaica *Shemot Rabba*, fruto da interpretação hagádica judaica, interpretação de tipo homilético. As leis, por sua vez, foram objeto de uma interpretação jurídica, chamada interpretação haláquica.

Para o tempo da Idade Média, lembremos ao menos os grandes comentários de Ibn Ezra (1089-1167), um representante da escola sefardita espanhola, muito atenta ao sentido literal do texto. Essa escola está igualmente representada por Nachmânides, também chamado de Ramban (1194-1270) e por Abravanel (1437-1508). A escola asquenaze alemã e francesa tem um líder incontestável na pessoa de Rashi (Rabbi Shlomo ben Isaac) (1040-1105). Ele se distingue por uma hábil combinação de exegese literal e de comentário midráshico ou homilético.

É assim, por exemplo, que Rashi comenta o início do livro do Êxodo com a lista de nomes dos filhos de Jacó. Para ele, a lista serve para mostrar que Deus conta aqueles pelos quais ele tem predileção, como contou as estrelas no momento da criação (cf. Is 40,26). Quanto a Ex 21,1, o início das leis (os "julgamentos" do código da aliança), Rashi insiste sobre o fato de que toda lei, escrita ou oral, é de origem divina e tem o mesmo valor que o decálogo. Ele faz isso a partir de um comentário literal de Ex 21,1, acompanhado de numerosas citações do midrash.

Nachmânides e Abravanel também comentam o problema surgido com a lista dos nomes dos filhos de Jacó no início do Êxodo, réplica quase exata da lista de Gn 46,8-27. Nachmânides vê nela uma clara vontade de criar um paralelo entre o Gênesis e o Êxodo. O Êxodo inicia por uma descrição do exílio de Israel em terra estrangeira, no Egito, e termina pela descrição da posse, por parte de Deus, da Tenda de Reunião, o que permite ao povo de Israel encontrar a presença divina, característica da época patriarcal. Para Abravanel, o livro do Êxodo constitui um progresso em relação ao Gênesis, pois descreve a formação de Israel como povo e não mais como família. Moisés é superior aos patriarcas, e os acontecimentos do êxodo desenvolvem as bases que foram estabelecidas pelos patriarcas.

Na Itália, temos o nome de Ovadia Sforno (1470 ou 1475-1550), grande humanista, que viveu principalmente em Bolonha. Em sua exegese de Ex 19,5, "sereis minha parte pessoal entre todos os povos", Sforno prefere uma interpretação mais quantitativa que qualitativa. O povo judeu não é escolhido por Deus com exclusão dos outros povos da terra. Ele é o povo escolhido por Deus para um nível superior, mas não exclusivo. Com efeito, o texto acrescenta "pois a terra inteira me pertence". Num espírito bem aberto, Sforno insiste sobre a necessidade de respeitar os contratos com os não-judeus e de não praticar a usura em relação a eles.

Nesse quadro, precisamos mencionar também as numerosas discussões entre duas escolas judaicas de exegese, sobretudo de exegese jurídica: a escola Caraíta e a escola Rabanita. Os caraítas rejeitam a tradição oral (cf. Mt 15,2-3), em nome de uma exegese literal dos textos bíblicos. Os rabanistas consideram que a Lei escrita deve ser interpretada em paralelo com a Lei oral. Um exemplo apenas mostrará a diferença entre as duas escolas. A lei de Ex 23,19; 34,26 e Dt 14,21 diz assim: "Não cozinharás um cabrito no leite de sua mãe". Para os caraítas, a lei proíbe cozinhar um animal novo no leite de sua mãe, como diz o texto. Para os rabanistas, ao contrário, é proibido cozinhar qualquer carne seja no leite ou num produto derivado do leite, como a manteiga, por exemplo.

A exegese judaica moderna é muito variada. Mas é possível distinguir duas grandes tendências, com todas as nuances possíveis para cada uma delas. Por uma parte, numerosos exegetas são fiéis à tradição judaica, e comentam o texto bíblico citando os grandes mestres dessa tradição. Por outra parte, certo número de especialistas dialoga com a exegese crítica de outras escolas e usa os mesmos métodos. A maior parte, porém, busca em seus tesouros o novo e o velho. É raro encontrar uma exegese judaica que não faça referência aos grandes mestres, e isso é benéfico para seus leitores.

A verdade é que a exegese judaica sobre o livro do Êxodo coloca, de diferentes maneiras, o problema da relação entre o povo eleito e as outras nações, particularmente as nações cristãs e a exegese cristã, que dá menos valor ao Antigo Testamento, sobretudo a suas partes legislativas. Tudo isso fica amplamente ilustrado por numerosas obras especializadas nessa matéria, obras escritas em diversas línguas e às quais tomamos a liberdade de enviar o leitor interessado.

O Êxodo na exegese cristã

A exegese cristã do livro do Êxodo teve de enfrentar um duplo problema. De uma parte, o mundo cristão recusa as teorias de Marcião, que rejeita em bloco todo o Antigo Testamento e mesmo uma parte do Novo. De outra parte, foi necessário também manter a novidade do Novo Testamento, que cumpria definitivamente as esperanças presentes no Antigo. Aliás o Antigo não podia ser interpretado unicamente de maneira figurada. Ele também relata inúmeros fatos importantes que pertencem à história da salvação. Irineu de Lyon (mais ou menos de 120 ou 130 a 202), falando mais teoricamente, diz que o Novo Testamento "recapitula" o Antigo, e Orígenes de Alexandria (c. 184-c. 253), falando em termos mais concretos, abre o caminho a uma exegese cristã do Antigo Testamento que, em parte, usa os instrumentos fornecidos pela cultura grega, especialmente a exegese de Homero. Fílon de Alexandria é outra das fontes das leituras cristãs do Antigo Testamento. Uma fórmula de Agostinho de Hipona (354-430) sintetiza muito bem a visão cristã das Escrituras: "*Novum Testamentum in Vetere latet, Vetus Testamentum in Novo patet*" – "O Novo Testamento está oculto no Antigo, e o Antigo Testamento se manifesta no Novo". Numa palavra, o Antigo Testamento prepara, prefigura e anuncia o que o Novo contém. A exegese cristã mostra, portanto, ao mesmo tempo a continuidade e a progressão entre os dois Testamentos.

Bem cedo a exegese cristã viu no êxodo uma figura do mistério pascal realizado na paixão, morte e ressurreição de Jesus de Nazaré. A liturgia pascal contribuiu certamente para conservar essa relação estreita entre o livro do Êxodo e a vida cristã. Como já vimos, a figura de Moisés foi mais de uma vez interpretada como exemplo de um itinerário místico. Gregório de Nissa é a melhor testemunha disso, mas não a única. Tudo isso se encontra numa linha que vem desde Fílon de Alexandria.

A exegese cristã da Idade Média foi, sem dúvida, marcada por uma interpretação herdada dos Padres e mais sistematizada na teoria dos quatro sentidos da Escritura, cuja primeira exposição teórica remonta a João Cassiano (Marselha, c. 360-435). Aplicada ao livro do Êxodo, eis o que resultou disso de uma maneira geral: o primeiro sentido, literal e histórico, é o do relato da saída do Egito e da permanência do povo de Israel no deserto junto ao monte Sinai, até o momento em que Deus vem tomar posse do Tabernáculo. O segundo sentido, alegórico, vê nos acontecimentos figuras do Novo Testamento. A passagem do mar (Ex 14), por exemplo, é uma figura do batismo, e o dom do maná (Ex 16), uma figura da eucaristia. O terceiro sentido, tropológico, consiste em aplicar o texto à vida espiritual da alma individual, como, por exemplo, a libertação da escravidão do pecado para se pôr a serviço de seu Deus através das provas do deserto. O quarto sentido, chamado anagógico, é mais místico. Trata-se de ver no êxodo um itinerário que leva deste mundo, escravo do pecado, às realidades do reino dos céus e da vida eterna. Essa exegese, centrada sobre a alegoria e uma leitura cristológica do Antigo Testamento, se tornou muito popular na Idade Média pela obra de Hugo de Saint-Cher (†1268), intitulada *Apostilas*.

Na Idade Média, mais de um exegeta conhecia o hebraico e por isso se interessava ainda mais pelo sentido literal dos textos. Assim foi, por exemplo, com diversos membros da abadia de São Vítor em Paris. Essas coisas mudam pela passagem da Idade Média para a Renascença, sobretudo com Nicolau de Lira (1270-1349). Sua principal obra, também intitulada *Apostilas*, contém duas introduções. Na primeira, expõe a teoria clássica dos quatro sentidos das Escrituras. Na segunda, insiste sobre a importância primordial do sentido literal a partir do hebraico que ele tinha aprendido. Para fazer isso, usa muitas vezes os comentários rabínicos, sobretudo o de Rashi. Aqui vai um exemplo de explicação que Nicolau de Lira toma em parte de Rashi, trata-se do comentário de Ex 13,13: "Todo primogênito dos jumentos, tu o resgatarás com um cordeiro". Esse texto traz um questionamento, porque o jumento ou asno é um animal impuro e que por isso não devia ser resgatado. Se o for, diz Nicolau de Lira, seguindo Rashi, é porque ele foi muito útil por ocasião do êxodo, quando carregava em seu dorso as mulheres, as crianças e as bagagens. A exegese literal vem acompanhada de uma reflexão menos rígida, mas sempre muito correta.

A partir de Nicolau de Lira, os comentários sobre o livro do Êxodo se centram muito mais sobre os problemas de filologia e de tradução, sobre a comparação entre o texto hebraico, o grego e, a partir de 1600, o texto samaritano, recém-descoberto.

Para Ricardo Simon (1638-1712), por exemplo, Moisés escreveu as leis e os mandamentos (cf. Ex 24,3), mas não se diz em nenhum lugar que ele tenha escrito os relatos da criação, as genealogias ou as outras narrativas do Gênesis. Aqui vem com clareza a questão de saber o que Moisés escreveu e, mais exatamente, quem escreveu o Pentateuco. Já não se trata somente de falar da inspiração divina, mas da origem humana dos livros sagrados. De onde a teoria, sem dúvida frágil, elaborada por Ricardo Simon, dos escritores públicos ou escribas inspirados, uma instituição que viria desde Moisés em pessoa e que ele, Moisés, teria conhecido na corte do faraó.

A exegese do Êxodo tomará diversas direções no despertar do nosso tempo. As questões serão pelo menos de três tipos diferentes. Em primeiro lugar, os pesquisadores enfrentarão a questão da historicidade dos acontecimentos descritos no livro. Será possível, entre outras possibilidades, imaginar um povo "em número de aproximadamente seiscentos mil homens a pé, os varões, sem contar as crianças" (Ex 12,37), sair do Egito e viver quarenta anos no deserto? "Seiscentos mil homens", isso significa dois milhões de pessoas ou mais. As perguntas em relação à data e à localização dos sítios também têm importância. Em segundo lugar, a questão do autor ou dos autores do texto levará pouco a pouco à teoria das fontes e das redações do livro, sobretudo a partir de Jean Astruc (1684-1766), depois de Johann Gottfried Eichhorn (1752-1827), para chegar à obra de Julius Wellhausen (1844-1918) e à teoria documental das quatro fontes do Pentateuco, presentes também no livro do Êxodo. Em terceiro lugar, os pesquisadores se perguntaram sobre a origem e a transmissão dos diversos elementos do Êxodo, as narrativas e as leis, como, por exemplo, Hugo Gressmann (1877-1927), Gerhard von Rad (1901-1971) e Martin Noth (1902-1968).

Finalmente, é preciso destacar um comentário que marca uma virada na história da exegese recente do livro do Êxodo, e que é o de Brevard S. Childs (1923-2007). Seu comentário, publicado em 1974, se caracteriza por dois aspectos novos. Ao lado das questões habituais sobre a tradução, a composição e a significação dos textos, Childs apela sistematicamente à história da exegese, judaica e cristã. Ele não se contenta de fazer uma exegese analítica dos diferentes componentes do texto, mas se interroga sobre o texto em sua forma final, canônica, e sobre seu sentido para uma comunidade crente.

Lembremos também a grande importância que foi dada ao êxodo na teologia da libertação. Um de seus fundadores, Gustavo Gutierrez, vai beber sua inspiração nos poços do êxodo e do evangelho. Outros autores farão do êxodo um dos principais eixos de seu pensamento. Penso sobretudo em biblistas como José Severino Croatto, George V. Pixley, Michael Walzer, entre outros.

O Êxodo no Corão

O Êxodo e Moisés são citados muitas vezes no Corão. Sem entrar em pormenores, podemos discernir três direções principais na maneira como o Corão e seus comentadores apresentam os acontecimentos do êxodo. Moisés é visto não somente como um chefe, um guia ou um legislador, mas sobretudo como um profeta que prepara o caminho ao profeta por excelência, Maomé. A seguir, o Corão fala do Sinai e do valor da Lei transmitida por Deus a Moisés e a Israel. Enfim, os episódios da permanência de Israel no deserto, em particular a história do bezerro de ouro (Ex 32), servem muitas vezes para pôr em relevo o pecado de Israel e, por conseguinte, sua desgraça. Por isso, Israel será substituído pelo Islã. Esse tema, que prolonga a pregação dos profetas bíblicos, é também frequente nos escritos patrísticos.

15

O livro do Êxodo e a cultura ocidental

O livro do Êxodo teve um eco imenso na cultura ocidental e é impossível fazer a lista de todas as obras literárias e artísticas que hauriram sua inspiração nesse livro. A palavra "êxodo" aparece na cena da Transfiguração no evangelho de São Lucas para indicar a paixão, a morte e a ressurreição de Jesus de Nazaré: "E eis que dois homens conversavam com ele; eram Moisés e Elias; aparecendo na glória, falavam da partida (lit.: do êxodo) de Jesus que ia se realizar em Jerusalém" (Lc 9,30-31). Hoje, a palavra "êxodo" é empregada também em sentido completamente secularizado, aparecendo, por exemplo, em expressões como "êxodo rural", nas quais não tem mais nenhuma ligação com a libertação dos escravos hebreus. Tal uso da palavra "êxodo" descreve, assim, todo deslocamento de populações de alguma importância. Isso mostra quanto o êxodo entrou na imaginação coletiva de nosso mundo ocidental.

Um primeiro exemplo: o decálogo

Certas partes do livro do Êxodo, como o decálogo, tiveram uma longa sobrevivência em muitos domínios, desde os primeiros comentadores até nossas legislações atuais. A segunda parte do decálogo é citada, por exemplo, nos evangelhos (Mt 19,16-22; Mc 10,19; Lc 18,20). Entre outros, o decálogo foi comentado por Fílon de Alexandria (c. 25 a.C.-c. 45 d.C.), Orígenes (c. 184-c. 253), Clemente de Alexandria (150-215), Agostinho de Hipona (354-430), Isidoro de Sevilha (560-636), Beda, o Venerável (c. 673-735), Roberto Grosseteste (1175-1253), Tomás de Aquino (1225-1274), sem contar os numerosos comentários rabínicos, entre os quais os de Isaac Abravanel (1437-1508).

Além disso, no mundo jurídico dois documentos antigos merecem menção especial. O primeiro é a *Collatio mosaicarum et romanarum legum*, "Comparação entre as leis mosaicas e romanas", intitulada também *Lex Dei quam praecepit Dominus ad Moysen*, "Lei de Deus que o Senhor prescreveu a Moisés"; é a obra de um judeu ou de um cristão – a questão continua sendo debatida – que data sem dúvida do século IV. Cada um dos dezesseis parágrafos começa por uma passagem bíblica, seguida de uma série de leis do direito romano. O objetivo, apologético, é mostrar que as leis mosaicas são compatíveis com as normas do direito romano.

O segundo documento é uma das mais antigas legislações escritas da Alta Idade Média, o *Doom Book* ou "Livro do Julgamento", do rei Alfredo, o Grande (849-899), rei dos Anglo-Saxões. O texto contém uma versão do decálogo e alguns princípios tirados das leis do Pentateuco, por exemplo Ex 23,1-3. É por isso que Alfredo o Grande é também chamado de "o Justiniano inglês".

Durante a Idade Média, grandes autores usaram o decálogo como base da moral cristã, entre eles Hugo de São Vítor (1099-1141) e Pedro Lombardo (1100-1160), o autor do *Livro das Sentenças*. Voltamos a encontrar o decálogo nos manuais que serviam para a preparação da confissão, como o *Speculum Ecclesiae*, "Espelho da Santa Igreja", de Edmundo de Canterbury (1170-1240), e o *Opusculum Tripartitum de Praeceptis Decalogi de Confessione et de Arte Moriendi*, "Opúsculo em três partes sobre os preceitos do decálogo sobre a confissão e a arte da boa morte" (1408), de João Gerson (1363-1429).

Mais tarde, os catecismos dos Reformadores começam pelo decálogo, como o de Filipe Melanchton, publicado em 1523-1525, o de Martinho Lutero, publicado em 1529, e o de João Calvino, publicado em 1542. No mundo católico, o catecismo de Pedro Canísio (1555) insere o decálogo na exposição do mandamento do amor. Ele será seguido pelo *Catechismus Romanus*, de 1566.

Muito mais tarde, os especialistas realçaram traços do decálogo, sobretudo da segunda parte dele, em diversas constituições ocidentais e na *Declaração dos Direitos Humanos* pelas Nações Unidas, em 1948. Num outro domínio, e sempre para ilustrar a herança dessa parte do Êxodo, o decálogo foi o assunto de uma série televisiva de dez episódios produzida entre 1988 e 1989 pelo diretor polonês Krysztof Kieslowski, auxiliado por Krysztof Piesiewicz. Essa série obteve diversas premiações. Mas há muito mais, evidentemente, seja no mundo do direito seja na cultura. Falarei, um pouco adiante, do filme *Os Dez Mandamentos*, que igualmente retoma toda a narração do êxodo. As poucas obras que citamos provam a variedade das influências que essa parte do Êxodo, o decálogo, teve. As outras partes do livro conheceram celebridade semelhante.

O Êxodo na Literatura: *Exodus*, Dante Alighieri, John Steinbeck, Thomas Mann e Leon Uris

Na Literatura, o tema do Êxodo teve certamente uma influência muito diferente, de uma cultura a outra e de uma época a outra. É muito interessante notar que a literatura dos países de cultura protestante é mais sensível aos temas bíblicos que a dos países de cultura católica. As razões devem naturalmente ser buscadas no princípio da *Sola Scriptura* da Reforma.

Um primeiro texto a destacar é uma obra em inglês antigo que se encontra num manuscrito, *Junius*, também chamado *Caedmon*, conservado na Biblioteca Bodleiana da Universidade de Oxford. Esse manuscrito data do século XI e contém diversos poemas, um dos quais tem como título *Exodus*. Compõe-se de 590 versos e retoma o relato de Ex 13,20 a 14,31, com alguns acréscimos provenientes do livro do Gênesis sobre o dilúvio (Gn 6-9) e o sacrifício de Abraão (Gn 22,1-19). O relato da saída do Egito é relido numa perspectiva cristã, onde o êxodo se torna o itinerário de um membro da Igreja. Além disso, o poema reflete os valores do povo anglo-saxão, seu senso do direito e sua experiência do mar, como também põe em relevo o contraste entre o mundo dos crentes, os hebreus, e a sorte terrível reservada aos pagãos, os egípcios. Eis, numa tradução aproximativa, o início do poema: "Escutai! Nós ouvimos falar, próximos e longínquos, / da reputação de Moisés sobre a metade da terra / de suas palavras e de suas leis para as gerações dos homens: / [mensagem que promete] nos céus, para os bem-aventurados, / a consolação da vida, após a viagem da morte, / [mensagem que consiste em] um conselho duradouro para todos os viventes / [e] destinada aos heróis. /

Escutai, vós todos que quiserdes!" Trata-se, portanto, de uma mensagem que abre caminho para uma vida bem-aventurada.

A Idade Média estava toda impregnada de cultura bíblica em seu conjunto. Uma das obras emblemáticas desse espírito, dentre centenas de outras, é a de Dante Alighieri (1265-1321). Num primeiro escrito importante, *Vita Nova* (1295), o poeta descreve um longo itinerário que o conduz a um amor purificado por Beatriz, que acaba de morrer. O poema tem 42 estrofes, que é o número das etapas do povo de Israel pelo deserto, desde o Egito até as margens do Rio Jordão (Nm 33,1-49). Dante teria, portanto, comparado seu itinerário a uma travessia do deserto, desde a escravidão do Egito, escravo das paixões, até a Terra Prometida. Duas coisas merecem ser notadas a respeito disso. Primeira, o êxodo de Dante é um percurso individual e não mais coletivo. Segunda, trata-se de um percurso moral e espiritual mais que de uma mudança de condição de existência. Entramos na era em que o individualismo sobrepuja o coletivo.

A *Divina Comédia* (escrita entre 1303 e 1321) confirma essa primeira impressão. Lá também o percurso é individual e espiritual, pois o poeta sai da "floresta escura" para atravessar o inferno e o purgatório sob a guia de Virgílio, e entra no paraíso, desta vez sob a guia de Beatriz, que ele enfim reencontra. Entre todas as imagens usadas pelo poeta, encontramos a do êxodo e a figura de Moisés (*Divina Comédia*, Paraíso, Canto XXVI, 61-63):

> con la predetta conoscenza viva,
> tratto m'hanno del mar de l'amor torto,
> e del diritto m'han posto a la riva.
> [Com o vivo conhecimento há pouco predito,
> Eles me tiraram do mar do falso amor,
> E me puseram sobre a margem do amor verdadeiro.]

Dante alude à passagem do mar (Ex 14), comparando o caminho percorrido após o arrependimento que o estimulara à passagem do Egito para o deserto e da escravidão para a liberdade. De Moisés ele diz o seguinte (Divina Comédia, Paraíso, Canto XXVI, 40-42):

> Sternel la voce del verace autore,
> che dice a Moisè, di sé parlando:
> "Io ti farò vedere ogne valore".
> [Mostra-lhe a voz do verdadeiro autor
> Que diz a Moisés, falando de si mesmo:
> "Eu te farei ver os verdadeiros valores"] (Ex 33,19).

O êxodo é reinterpretado em função da experiência do poeta, que descobre os "verdadeiros valores", sobretudo o verdadeiro valor do amor, do qual dirá, e são os derradeiros versos de sua obra (Paraíso, XXXIII, 145): "L'amor che muove il Sole e l'altre stelle" – "O amor que põe em movimento o Sol e as outras estrelas". O êxodo é também mencionado em outros lugares da Divina Comédia (ver, entre outros, Purgatório, II, 46-48; XI, 13-15; Paraíso, XXV, 52-57; XXXI, 85-87).

Para mostrar a infinita variedade com que o tema do êxodo foi tratado na Literatura, citarei The Grapes of Wrath, "As uvas da ira" de John Steinbeck (1939), que descreve o êxodo de trabalhadores pobres que devem deixar suas terras no Estado de Oklahoma por aquilo que acreditam ser uma Terra Prometida na Califórnia, mas onde são literalmente reduzidos a escravos. Desta vez encontramos uma interpretação coletiva do êxodo, mas trata-se de um êxodo invertido, da liberdade à escravidão.

Thomas Mann (1875-1955) escreveu um ensaio intitulado Thou shalt have no other gods before me ("Não terás outros deuses diante de mim"), publicado no volume editado por Armin L. Robinson, sob o título geral de *The Ten Commandments: Ten Short Novels of Hitler's War Against the Moral Code* (Nova York: Simon and Schuster, 1943). O título explicita o objetivo da obra: "Os Dez Mandamentos. Dez novelas curtas sobre a guerra de Hitler contra o código moral". À maneira romanceada, Thomas Mann retoma a história de Moisés, fazendo dele o filho ilegítimo de um escravo hebreu e de uma princesa egípcia. No contexto da Segunda Guerra Mundial, Thomas Mann faz de Moisés o arauto de uma ética ridicularizada pelos regimes totalitários, mas que deve também enfrentar a surdez de seu povo. O livro foi traduzido em francês sob o título *La loi* (Paris: Éditions Mille et une Nuits, 1996). [Trad. bras.: *Os Dez Mandamentos e um Certo Senhor Hitler*, Rio de Janeiro: O Cruzeiro, 1944. N. do T.].

Enfim, Leon Uris, em sua obra intitulada *Exodus* (1958) descreve a longa viagem de sobreviventes dos campos de concentração para o Próximo Oriente para participar da fundação do Estado de Israel. O título do livro é o nome do navio que transporta os imigrantes. Na realidade, o navio se chamava *President Warfield*, mas foi rebatizado como *Exodus* por ocasião de uma escala no porto italiano de *La Spezia*. Também um filme foi feito sobre essa aventura (1960). Porém, como dissemos, a lista das obras é muito longa, e as variações, sem fim.

O Êxodo na Pintura e na Escultura

Também aqui é impossível não ser exaustivo ou mesmo dar um apanhado satisfatório de todas as representações do êxodo na pintura e na escultura. Os temas que tiveram mais sucesso são, entre outros, Moisés salvo das águas, a sarça ardente, as pragas do Egito, a passagem do mar, o milagre do maná e a teofania do Sinai.

Uma das primeiras representações do êxodo se encontra na sinagoga de Doura Europos, atualmente na Síria, dos anos 244-245 d.C. Os afrescos representam, entre outros, Moisés salvo das águas, a sarça ardente, a saída do Egito, a passagem do mar e Moisés recebendo as tábuas da Lei. Na ilustração da passagem do mar, o pintor desenhou doze faixas que correspondem a doze veredas traçadas pelo vento no mar para a passagem das doze tribos de Israel, um tema desenvolvido pelo targum do Pseudo-Jonatan a propósito de Ex 14,21.

Uma representação atualizada do êxodo se encontra numa ilustração judaica da hagadá de Páscoa, chamada *Bird's Head Haggadah* – "Hagadá das Cabeças de Pássaros", assim chamada porque os personagens são representados com cabeças de pássaros. Esse manuscrito provém da Renânia, data mais ou menos de 1300 e se conserva atualmente em Jerusalém no *Israel Museum*. Essa representação do êxodo oferece um belo exemplo das numerosas atualizações do texto bíblico. O faraó, acompanhado por porta-bandeiras com o símbolo da águia imperial, sugere identificá-lo com Rodolfo I de Habsburgo, imperador da Alemanha, que tinha declarado os judeus *servi camerae regis*, "servos do tesouro real", portanto objetos de taxação direta do imperador. Os judeus deviam, além disso, pagar taxas aos senhores locais. Isso leva um grande Rabino da época, o Rabino Meir ben Baruch de Rothenburg, a organizar uma migração de judeus para a terra de Israel. Eles foram retidos na Lombardia pelo imperador, e Meir ben Baruch foi preso e retido em prisão até sua morte em Ensisheim, na Alsácia.

Na Capela Sistina, a representação da passagem do mar data de 1481-1482 e tem uma atribuição incerta. Os especialistas hesitam entre Domenico Ghirlandaio, Biagio d'Antonio ou Cosimo Rosselli, mesmo que este último seja mais vezes citado que os outros. O afresco contém várias cenas. Um furacão atinge uma cidade egípcia, sobre a qual cai granizo (Ex 9,13-35), representação de um fenômeno meteorológico bastante comum na época. A parte central mostra os hebreus após terem alcançado a outra margem do mar; Míriam toca um instrumento de corda e as mulheres de Israel dançam, enquanto Moisés contempla o mar em que o faraó e seu exército se afogam. Uma coluna representa a nuvem, ainda sobre o mar, que espalhou o pânico no exército egípcio (Ex 14,24). Pode-se ler nessa representação uma mensagem implícita, a mensagem do triunfo da religião – e de seus responsáveis – sobre as potências militares da época. De fato, os egípcios são representados com as armas e couraças do século XV.

Outra representação da passagem do mar por Agnolo Bronzino, na capela de Eleonora de Toledo, em Florença (1540-1545), oferece ao pintor ocasião para usar todas as novas técnicas da pintura da Renascença, como, por exemplo, a perspectiva e o estudo da anatomia do corpo humano em diversas posições.

Diversas cenas do êxodo foram pintadas por Nicolas Poussin (1595-1665) num estilo próprio, com muita influência do classicismo, e marcado por seu gosto pelo equilíbrio e pela harmonia. Acrescentemos que um dos traços característicos das pinturas de Poussin é o movimento dos personagens, um traço que faz parte da maioria de seus quadros. Ele pintou temas conhecidos, outros menos conhecidos e é, sem dúvida, um dos pintores que mais pintaram sobre temas do livro do Êxodo. Eis, em ordem cronológica, a lista: Moisés exposto sobre as águas (1624); A batalha de Josué contra os Amalequitas (1624-1625); Moisés tornando doces as águas de Mara (1629-1630); Moisés fazendo jorrar água do rochedo (1633-1635); A passagem do mar Vermelho (1634); A adoração do bezerro de ouro (1634); Os israelitas recolhendo o maná no deserto (1638-1639); Moisés salvo das águas (1638); Moisés criança pisando aos pés a coroa do faraó (c. de 1644-1645); Moisés transformando em serpente a vara de Aarão (c. de 1645-1648); uma segunda versão de Moisés pisando aos pés a coroa do faraó (c. de 1645-1648); segunda versão de Moisés salvo das águas (1647); nova versão de Moisés fazendo jorrar água do rochedo (1649); terceira versão de Moisés salvo das águas (1651); segunda versão de Moisés exposto sobre as águas (1654). Nicolas Poussin deve ter tido uma afeição particular ao texto de Ex 2,1-10, o nascimento de Moisés, do qual oferece não menos de cinco versões diferentes.

Enfim, entre as representações de Moisés e das tábuas da Lei, convém dizer duas palavras de um célebre quadro de Rembrandt, feito em 1659 e que se encontra atualmente no Staatliches Museum de Berlim. Moisés agita as tábuas da Lei, seja para mostrá-las ao povo, seja para quebrá-las, porque acaba de ver o bezerro de ouro. A primeira interpretação parece mais razoável, porque o rosto de Moisés não exprime cólera. O decálogo está escrito em hebraico, e nele encontramos uma das exigências da Renascença e da Reforma, o de reler os textos, especialmente os textos bíblicos, em sua língua original. Encontramos aí também o grande interesse pela Escritura e a Lei nos Países Baixos Calvinistas. Rembrandt frequentava a comunidade judaica de Amsterdam e aí buscou muito de sua inspiração.

Na França, devemos lembrar a Bíblia ilustrada de Gustave Doré (1866), que consagra uma dezena de ilustrações ao Êxodo: *Moisés criança exposto no Rio Nilo*; *Moisés criança encontrado pela filha do faraó*; *Moisés e Aarão se apresentando ao faraó*; *A quinta praga* (a doença dos animais); *A nona praga* (as trevas); *A décima praga* (morte dos primogênitos dos egípcios); *Os egípcios pedem a Moisés que parta*; *Os egípcios afogados no mar*; *Moisés bate na rocha*; *O dom da Lei sobre o monte Sinai*; *Moisés desce do monte Sinai com as tábuas da Lei*; *Moisés quebra as tábuas da Lei*. Essas pinturas são frequentemente muito dramáticas e, igualmente, prova de um gosto marcado pela representação de paisagens.

Mais próximo de nós, Marc Chagall (1887-1985) consagrou várias de suas obras, muito pessoais, a cenas do êxodo, tais como: *Moisés recebendo as tábuas da Lei*; *Moisés e o Anjo*; *Moisés e o Êxodo*; *Moisés diante da sarça ardente*; *Moisés salvo das águas*; *Moisés e o mar Vermelho*; *Moisés e os filhos de Israel*. A maior parte de suas obras está agora exposta no museu Marc-Chagall (ou Museu Nacional da Mensagem Bíblica Marc-Chagall, em Nice), inaugurado em 1973 por André Malraux. As lembranças de sua infância na Rússia, a cultura judaica e o gosto pelas cores vivas estão entre os elementos muito variados que caracterizam suas pinturas.

Na Escultura, uma das obras mais célebres é o *Poço de Moisés*, ou *Poço dos Profetas*, de Claus Sluter, obra destinada à Cartuxa de Champmol, perto de Dijon. A obra foi financiada pelo duque Filipe II da Borgonha e devia fazer parte de um calvário. Ela foi executada entre 1396 e 1405 pelo escultor holandês Claus Sluter, auxiliado por seu sobrinho Claus de Werve e o pintor Jean Malouel, encarregado das policromias. Os especialistas sublinham que a obra faz a transição entre o gótico internacional e a Renascença. Moisés segura na mão direita as duas tábuas da

Lei e, na esquerda, uma inscrição em que se pode ler *Immolabit agnum multitudo filiorum Israel ad vesperam*, "Ao entardecer, a assembleia dos filhos de Israel imolará o Cordeiro" (Ex 12,6), o que pode ser interpretado como uma alusão ao Novo Testamento e ao sacrifício da Cruz.

Também seria muito difícil não mencionar o *Moisés* de Miguel Ângelo, que se encontra atualmente na igreja de San Pietro in Vinculi, em Roma, e que estava destinado à sepultura monumental do papa Júlio II, uma tumba que nunca foi terminada. A obra foi concluída entre 1513 e 1515, depois retocada pelo artista em 1543. Sigmund Freud fez sobre ela uma longa interpretação. Ele vê nela sobretudo a força de um caráter que domina suas paixões para se pôr inteiramente a serviço de uma alta missão.

Muitas outras obras deveriam ser juntadas a essa breve lista, pois existem muitas dedicadas a esse tema.

O Êxodo na Música

As obras musicais que se inspiram no êxodo são tão numerosas como as pinturas. O cântico de Moisés com os refrões de Miriam e das mulheres de Israel (Ex 15,1-21) é o primeiro exemplo bíblico de uma oração e de um canto comunitário. Esse cântico faz parte, por diversos títulos, da liturgia judaica. Ele é recitado cada dia e faz parte do ciclo das leituras semanais (décima sexta semana) e também da liturgia da festa de Páscoa. Os judeus asquenazes usam uma melodia especial para esse canto. O versículo 11 desse canto, "Quem é como tu?" (*Mi Khamôkha*) é muito popular e sempre volta na oração cotidiana da manhã e da tarde. Ele também foi retomado, sob diversas formas, pelo compositor Ernest Bloch (1880-1959) em sua obra coral e orquestral *Sacred Service*, "Serviço Sagrado" (*Avodat HaKodesh*) (1927). A composição foi considerada parte do cânon das obras sagradas clássicas do mundo ocidental.

Uma das grandes obras de Johann Sebastian Bach (1685-1750) faz referência à figura de Moisés e a Cristo, seu "antítipo": a cantata BWV 145, *Ich lebe, mein Herze, zu deinem Ergötzen*, "Eu vivo, meu coração, para tuas delícias". Num recitativo, cantado pelo tenor, faz-se alusão à Lei promulgada por Moisés e cumprida por Cristo: *Nun fordre, Moses, wie du willst, / Das dräuende Gesetz zu üben, / Ich habe meine Quittung hier / Mit Jesu Blut und Wunden unterschrieben*, "Manda agora, Moisés, como tu queres, / observar a Lei intimidativa. / Eu tenho aqui minha quitação, / assinada com o sangue e as chagas de Jesus." Esse recitativo resume em poucas palavras a oposição paulina entre a Lei e o Evangelho cara aos Reformadores.

Num outro estilo, mencionemos o oratório de Händel (1685-1759) *Israel in Egypt* (1738). A obra se inspira nos textos bíblicos de Ex 1, 2, 15 e dos Salmos 78, 105, 106, salmos históricos que recordam o êxodo. A obra conheceu um sucesso menor, porque nela o coro ocupou muito espaço, quatro árias para solistas contra mais ou menos quarenta partes corais. Por isso, a obra foi refeita, em parte, para corresponder melhor ao gosto do tempo, mas sem mudar muito a situação. Foi, porém, na época romântica que ela se tornou popular, porque as partes corais faziam vibrar a fibra patriótica das grandes massas.

Mais próximo de nós, o *Moisés e Faraó* ou *A Passagem do Mar* é uma célebre ópera, em quatro atos, de Gioachino Rossini (1792-1868), apresentada pela primeira vez em Paris em 1827, e que retoma uma primeira obra do mesmo compositor, *Moisés no Egito*, pela primeira vez apresentada em Nápoles em 1818. A ópera *Moisés e Faraó* foi estreada em 1989 no Scala de Milão, sob a direção de Riccardo Muti. Uma das peças mais célebres dessas duas óperas é a ária *Dos céus onde moras* ou *Dal tuo stellato soglio*, "Do teu estrelado sólio", uma oração cantada por Moisés, papel confiado a um barítono e que exige uma técnica refinada.

Pelo ano de 1851 Camille Saint-Saëns (1835-1921) compôs um oratório, *Moisés salvo das águas*, sobre um texto de Victor Hugo (1802-1885). Eis os versos do poema, escrito em 1820, que descrevem o momento em que a filha do faraó, chamada Iphis, encontra o menino dentro da cesta: "Sauvont-le... – C'est peut-être un enfant d'Israël. Mon père les proscrit; mon père est bien cruel / De proscrire ainsi l'innocence!" "Salvemo-lo... Talvez seja um menino de Israel. Meu pai os proscreveu, meu pai é muito cruel, proscrevendo assim a inocência!" O poema termina com este desejo: "Mortels, vous dont l'orgueil méconnait l'Éternel, / Fléchissez: un berceau va sauver Israël, / Un berceau doit sauver le monde!" "Ó Mortais, vós, cujo orgulho não reconhece o Eterno, parai: um berço vai salvar Israel, um berço deve salvar o mundo!"

Entre as obras de Arnold Schönberg (1874-1951), encontramos o título *Moses und Aron*, "Moisés e Aarão", obra musical composta entre 1930 e 1932, mas deixada inacabada. A obra mostra um forte contraste entre o ideal representado por Moisés e o senso crítico e prático de Aarão. Os dois parecem irreconciliáveis, especialmente na descrição do episódio do bezerro de ouro. A fé em Deus e as exigências da Lei dificilmente entram nos costumes de um povo anárquico e histérico que se deixa arrastar às suas paixões. O fato de Schönberg não ter conseguido terminar sua obra é sem dúvida um sinal de que, na verdade, o compositor não tinha encontrado uma solução a esse dilema.

Na liturgia cristã da Vigília Pascal, o canto do *Exultet* ou *Exsultet*, cuja primeira composição remonta à Idade Média gregoriana, retoma e resume o essencial da experiência do êxodo, principalmente a noite da travessia do mar (Ex 14,21-22.24), que anuncia a Ressurreição.

Enfim, dentre todas as obras musicais que se inspiram no êxodo, convém citar os numerosos *spirituals* dos escravos e antigos escravos afro-americanos, dos quais o mais famoso é sem dúvida *Go Down Moses... Let my people go...*, "Desce, Moisés... Deixa meu povo partir", tirado de Ex 5,1. O canto é conhecido pelo menos desde 1862 entre os escravos da Virgínia, e foi, portanto, composto durante a Guerra de Secessão. Em 1872 o verso de abertura foi publicado pelos *Jubilee Singers* da Fisk University (Nashville, Tennessee). O canto foi popularizado por Paul Robeson (1898-1976) e gravado por Louis Amstrong e a orquestra *Sy Oliver* em 1957, em Nova York.

Lembremos ainda o espetáculo musical intitulado *The ten Commandments: The Musical*, "Os Dez Mandamentos: Comédia Musical", de 2004. A música é de Patrick Leonard, e o texto, de Maribeth Derry. Trata-se, na realidade, de uma adaptação da obra musical de Elie Chouraqui (a encenação) e Pascal Obispo (o texto), que, por sua vez, aproveitaram uma ideia de Albert Cohen. A primeira apresentação dessa comédia musical teve lugar em Paris no *Palais des Sports* em outubro de 2000. Teve um sucesso imenso e foi reapresentada em 2016 e 2017, rebatizada com o nome de *La plus belle histoire de tous les temps*, "A mais bela história de todos os tempos".

Seria longo e cansativo levar adiante esta lista que vamos deixar incompleta. Mas há muitos meios para acessar outras obras, importantes ou menos importantes, em publicações especializadas, indicaremos algumas na bibliografia, entre elas o livro de Marie-Thérèse Davidson.

O Êxodo no Cinema

Também aqui o campo que se oferece para ser explorado é muito vasto e vamos percorrê-lo a passos rápidos. Eis uma breve lista de alguns filmes, dentre os mais importantes, sobre os dez mandamentos: *The Ten Commandments* (1923), de Cecil B. DeMille; *I dieci comandamenti* (1945), de Giorgio Walter Chili; *The Ten Commandments* (1956), de Cecil B. DeMille (o filme de 1923 reeditado); *Exodus* (1960), de Otto Preminger; *Mosè* (1976), de Gianfranco De Bosis; *Moses and the Ten Commandments* (1978), de Charles Davis; *Moses* (1995), de Roger Young, minissérie televisionada; *The Prince of Egypt* (1998), de Simon Wells, Brenda Chapman e Steve Hickner, desenho animado; *Exodus: Gods and Kings* (2014), de Ridley Scott.

Cada um desses filmes deveria ser ressituado em seu contexto. Digamos ao menos uma palavra sobre o primeiro e sem dúvida o mais célebre deles: *Os Dez Mandamentos*, de Cecil B. DeMille. A primeira versão foi exibida no tempo do surgimento das ideologias totalitárias, durante o período mais duro da Guerra Fria. No início do filme – segunda versão – se faz uma explicação sobre o fato de a sociedade moderna ridicularizar os ideais propostos pelo mundo judeu-cristão. Os horrores da Segunda Guerra Mundial obrigam a refletir e a se questionar se os Dez Mandamentos não são os princípios sem os quais a humanidade não pode viver em paz. Os Dez Mandamentos não são uma lei; eles são *A Lei*. Não é difícil, sem dúvida, perceber a intenção do filme em sua descrição do faraó, do Egito totalitário e do desejo de liberdade. O mesmo exercício pode ou deveria ser aplicado aos outros filmes sobre o mesmo tema. *Exodus* (1960), de Otto Preminger, por exemplo, é outro filme que mergulha na problemática de seu tempo. Tudo isso quer dizer que o livro bíblico do Êxodo faz parte, ao menos em nosso mundo ocidental, de um grande código, de um imaginário coletivo, que permite a cada pessoa descobrir diferentes tipos de linguagem quando o assunto é opressão, escravidão, desejo e aprendizagem da liberdade.

Conclusão

"O objetivo é o caminho": essa frase enigmática sintetiza muito bem a filosofia chinesa de Lao-Tsé, sábio chinês que viveu de 571 a 531 a.C. "Tao" significa "caminho", em chinês. Esse adágio pode resumir muito bem um aspecto essencial do livro do Êxodo, pois oferece ao leitor um percurso, um caminho, da servidão ao serviço (George Auzou), de toda forma de escravidão até uma verdadeira forma de liberdade. O livro do Êxodo não apresenta, portanto, uma doutrina sistemática, princípios de uma moral fundamental ou um código de direito natural. Ele convida seu leitor a reviver uma aventura, uma experiência, a do povo de Israel, que fez uma caminhada existencial, que leva a viver uma vida autêntica e feliz na presença e a serviço de seu Deus.

Temos tentado descrever os principais aspectos dessa experiência, como a passagem do pavor da tirania ao temor de Deus, um aspecto que está bem sintetizado nesta frase de um escritor filipino, José Rizal (1861-1896): "No hay déspotas donde no hay esclavos", "Não há déspotas onde não há escravos". Uma das mensagens fundamentais do livro do Êxodo está igualmente bem resumida nestas palavras: Enquanto os escravos conservam a mentalidade de escravos, procurarão tiranos para si. Para se libertar da escravidão, não bastará que Israel saia do Egito; será preciso também que o Egito saia da cabeça de Israel. Ser-lhe-á necessário parar de sonhar com as "cebolas do Egito" (cf. Nm 11,5) ou com uma vida bem menos exigente do que a vida no deserto. A narrativa da travessia do mar mostra também que o povo de Israel encontra o caminho da liberdade quando atende a Moisés e supera o medo de assistir à derrota dos egípcios.

Outra mensagem importante é de ordem teológica. O Deus do êxodo não está somente no fim do caminho; ele vem acompanhando seu povo ao longo da estrada até o fim. O caminho é o lugar de sua presença. "O objetivo é a viagem", dizia uma propaganda sobre as estradas de ferro da Suíça. O verdadeiro objetivo de Israel é seguir seu Deus no caminho da liberdade, sempre mais longe do Egito e sempre mais a serviço desse Deus que está além de todo poder humano. Em palavras bem simples, pede-se a Israel não servir a ninguém, a ninguém nesta terra, mas pôr-se unicamente a serviço de um poder superior a todo poder humano.

Tivemos também ocasião de aprender a conhecer as características da legislação de Israel, a descobrir os segredos de sua experiência no deserto e as implicações da liturgia da aliança e da leitura da Lei. Além disso, o livro do Êxodo deixou bastantes traços na religião de Israel, na religião cristã e no Islã. Enfim, o livro do Êxodo é uma das fontes de inspiração da cultura acidental, um de seus "grandes códigos" nos diversos domínios da arte e da literatura. O êxodo é um caminho. Sabemos melhor onde ele começa, mas é bem difícil saber onde ele termina. O fim, o objetivo do êxodo é o próprio êxodo.

Bibliografia sucinta

Para uma primeira aproximação ao livro do Êxodo

AUZOU, Georges, *De la servitude au service*, Paris, Éditions de l'Orante, 1961.

SAOÛT, Yves, *Le grand souffle de l'Exode*, prefácio de Jacques Loew, Paris, Fayard, École de la Foi, 1977.

VANHOOMISSEN, Guy, *En commençant par Moïse. De l'Égypte à la Terre Promise*, Bruxelas, Lumen Vitae, Écritures 7, 2002.

WIÉNER, Claude, *Le Livre de l'Exode*, Cahiers Évangile 54, Paris, Le Cerf, 1986.

Comentários do livro do Êxodo

CAZEAUX, Jacques, *La contre-épopée du désert. L'Exode, le Lévitique, les Nombres*, Paris, Le Cerf, Lectio divina, 218, 2007.

MICHAÉLI, Frank, *Le Livre de l'Exode*, CAT 2, Neuchâtel, Delachaux et Niestlé, 1974.

Comentários de Seções do Livro do Êxodo

RENAUD, Bernard, *La théophanie du Sinaï Ex 19-24: Exégèse et théologie*, Cahiers de la Revue biblique 30, Paris, Gabalda, 1991.

RENAUD, Bernard, *L'Alliance, un mystère de miséricorde: Une lecture d'Exode 32-34*, Paris, Le Cerf, Lectio divina 169, 1998.

WÉNIN, André, *Le passage de la mer (Ex 14). Regards pluriels sur un récit fondateur*, Bruxelas, Lumen Vitae, Horizons de la Foi 54, 1993.

WÉNIN, André, "Le 'Chant de la Mer' et ses locuteurs intradiégétiques. Étude du lien narratif entre le récit d'Ex 13,17-14,31 et le chant de 15,1-18", em Hans Ausloos e Benedikt Lemmelijn (ed.), *A Pillar of Cloud to Guide: Text-critical, Redactional, and Linguistic Perspectives on the Old Testament in Honour of Marc Vervenne*, BETL 269, Lovaina, Peeters, 2014, 315-332.

O decálogo

GARCÍA LÓPES, Félix, *Le Décalogue*, Cahiers Évangile 81, Paris, Le Cerf, 1992.

HIMBAZA, Innocent, *Le Décalogue et l'histoire du texte: Études des formes textuelles du Décalogue et leurs implications dans l'histoire du texte de l'Ancien Testament*, OBO 207, Göttingen, Vandenhoeck & Ruprecht, 2004.

WÉNIN, André, "Le décalogue, révélation de Dieu et chemin de bonheur", *Revue Théologique de Louvain* 25 (1994) 145-182.

WÉNIN, André, "Le décalogue, approche textuelle, théologie e anthropologie", em Camille Focant (ed.), *La Loi dans l'un et l'autre Testament*, Lectio Divina 168, Paris, Le Cerf, 1997.

A figura de Moisés

BORGEAU, Philippe, Thomas RÖMER e Youri VOLOKHINE (ed.), *Interprétations de Moïse. Égypte, Judée, Grèce et Rome*, Jurusalem Studies in Religion and Culture 10, Leiden, Brill, 2010.

BOVON, François, *La figure de Moïse dans l'œuvre de Luc*, Genebra, Martin-Achard, 1978.

CAZELLES, Henri, *À la recherche de Moïse*, Paris, Le Cerf, 1979.

DAVIDSON, Marie-Thérèse, *Moïse entre Dieu et les hommes*, Paris, Nathan, 2010.

FREUD, Sigmund, *Le Moïse de Michel-Ange. L'inquiétante étrangeté et autres essais*, traduzido do alemão por Bertrand Féron, Paris, Gallimard, 1985.

MARTIN-ACHARD, Robert (et al.), *La figure de Moïse: Écriture et relectures*, Publicações da Faculdade de Teologia da Universidade de Genebra 1, Genebra, Labor et Fides, 1978.

RÖMER, Thomas, *Moïse "lui que Yahvé a connu face à face"*, Découvertes, Paris, Gallimard, 2002.

RÖMER, Thomas, (ed.), *La construction de la figure de Moïse*, Transeuphratène, Supplément 13, Paris, Gabalda, 2007.

RÖMER, Thomas, *Moïse en version originale. Enquête sur le récit de la sortie d'Égypte. Exode 1-15*, Paris, Bayard – Genebra, Labor et Fides, 2015.

VOGELS, Walter, *Moïse aux multiples visages. De l'Exode au Deutéronome*, Lire la Bible 114, Montreal – Paris, 1997.

A posteridade do Êxodo

"Exodus, Book of" e "Exodus, The", em Dale C. ALLISON et al. (ed.), *Encyclopedia of the Bible and its Reception* (EBR). Volume 8:

Essenes – Fideism, Berlim, Walter de Gruyter 2014, 428-512 (em inglês).

DAVIDSON, Marie-Thérèse, *Moïse entre Dieu et les hommes*, Paris, Nathan, 2010.

O Êxodo na liturgia judaica, cristã e muçulmana

BERDER, Michel et al., *La Pâques et le passage de la mer dans les lectures juives, chrétiennes et musulmanes. Éxode 12-14*. Suppléments aux Cahiers Évangile 92, Paris, Le Cerf, 1995.

A exegese antiga do livro do Êxodo

DAHAN, Gilbert (ed.), *Nicolas de Lyre, franciscain du XIVe siècle, exégète et théologien*, Turnhout, Brepols, 2011.

NIKIPROWETZKY, Valentin, *Le commentaire de l'écriture chez Philon d'Alexandrie. Son caractère et sa portée. Observations philologiques*, Arbeiten zur Literatur und Geschichte des Hellenistischen Judentums 11, Leiden, Brill, 1977.

Êxodo e teologia da libertação

CHEZA, Maurice, MARTINEX SAAVEDRA, Luiz e SAUVAGE, Pierre (dir.), *Dictionnaire historique de la théologie de la libération*, Bruxelas, Lessius, 2017.

DUSSEL, Enrique, *Histoire et théologie de la libération. Perspective latino-américaine*, Paris, Éditions Économie et humanisme/ Éditions ouvrières, 1974.

GUTIERREZ MERINO, Gustavo, *La libération par la foi, boire à son propre puits ou L'itinéraire spirituel d'un peuple*, Paris, Le Cerf, 1985.

MARLÉ, René, *Introduction à la théologie de la libération*, Paris, Desclée de Brouwer, 1988.

MARLÉ, René, CALDERON, Mario e PETITDEMANGE, Guy, *Pourquoi la théologie de la libération*, Paris, Cahiers de l'actualité religieuse et sociale, fora da série, 1985.

Edições Loyola

editoração impressão acabamento

Rua 1822 n° 341 – Ipiranga
04216-000 São Paulo, SP
T 55 11 3385 8500/8501, 2063 4275
www.loyola.com.br